T&P BOOKS

TADJIQUE
VOCABULÁRIO

PORTUGUÊS BRASILEIRO

PORTUGUÊS
TADJIQUE

Para alargar o seu léxico e apurar
as suas competências linguísticas

7000 palavras

Vocabulário Português Brasileiro-Tadjique - 7000 palavras

Por Andrey Taranov

Os vocabulários da T&P Books destinam-se a ajudar a aprender, a memorizar, e a rever palavras estrangeiras. O dicionário é dividido em temas, cobrindo todas as principais esferas de atividades quotidianas, negócios, ciência, cultura, etc.

O processo de aprendizagem, utilizando os dicionários baseados em temáticas da T&P Books dá-lhe as seguintes vantagens:

- Informação de origem corretamente agrupada predetermina o sucesso em fases subsequentes da memorização de palavras
- Disponibilização de palavras derivadas da mesma raiz, o que permite a memorização de unidades de texto (em vez de palavras separadas)
- Pequenas unidades de palavras facilitam o processo de estabelecimento de vínculos associativos necessários para a consolidação do vocabulário
- O nível de conhecimento da língua pode ser estimado pelo número de palavras aprendidas

T&P Books Publishing
www.tpbooks.com

ISBN: 978-1-78767-342-7

Este livro também está disponível em formato E-book.
Por favor visite www.tpbooks.com ou as principais livrarias on-line.

VOCABULÁRIO TADJIQUE
palavras mais úteis

Os vocabulários da T&P Books destinam-se a ajudar a aprender, a memorizar, e a rever palavras estrangeiras. O vocabulário contém mais de 7000 palavras de uso comum organizadas tematicamente.

O vocabulário contém as palavras mais comummente usadas

Recomendado como adicional para qualquer curso de línguas

Satisfaz as necessidades dos iniciados e dos alunos avançados de línguas estrangeiras

Conveniente para o uso diário, sessões de revisão e atividades de auto-teste

Permite avaliar o seu vocabulário

Características especias do vocabulário

* As palavras estão organizadas de acordo com o seu significado, e não por ordem alfabética
* As palavras são apresentadas em três colunas para facilitar os processos de revisão e auto-teste
* As palavras compostas são divididas em pequenos blocos para facilitar o processo de aprendizagem
* O vocabulário oferece uma transcrição simples e adequada de cada palavra estrangeira

O vocabulário contém 198 tópicos incluindo:

Conceitos básicos, Números, Cores, Meses, Estações do ano, Unidades de medida, Roupas & Acessórios, Alimentos & Nutrição, Restaurante, Membros da Família, Parentes, Caráter, Sentimentos, Emoções, Doenças, Cidade, Passeios, Compras, Dinheiro, Casa, Lar, Escritório, Trabalho no Escritório, Importação & Exportação, Marketing, Pesquisa de Emprego, Esportes, Educação, Computador, Internet, Ferramentas, Natureza, Países, Nacionalidades e muito mais ...

TABELA DE CONTEÚDOS

GUIA DE PRONUNCIAÇÃO

Letra	Exemplo Tadjique	Alfabeto fonético T&P	Exemplo Português
A a	Раҳмат!	[a]	chamar
Б б	бесоҳиб	[b]	barril
В в	вафодорӣ	[v]	fava
Г г	гулмоҳӣ	[g]	gosto
Ғ ғ	мурғобӣ	[ʁ]	[r] vibrante
Д д	мадд	[d]	dentista
Е е	телескоп	[eː]	plateia
Ё ё	сайёра	[jɔ]	ioga
Ж ж	аждаҳо	[ʒ]	talvez
З з	сӯзанда	[z]	sésamo
И и	шифт	[i]	sinônimo
Ӣ ӣ	обчакорӣ	[iː]	cair
Й й	ҳайкал	[j]	Vietnã
К к	коргардон	[k]	aquilo
Қ қ	нуқта	[q]	teckel
Л л	пилла	[l]	libra
М м	мусиқачӣ	[m]	magnólia
Н н	нонвой	[n]	natureza
О о	посбон	[oː]	albatroz
П п	папка	[p]	presente
Р р	чароғак	[r]	riscar
С с	суръат	[s]	sanita
Т т	тарқиш	[t]	tulipa
У у	муҳаррик	[u]	bonita
Ӯ ӯ	кӯшк	[œ]	orgulhoso
Ф ф	фурӯш	[f]	safári
Х х	хушксолӣ	[x]	fricativa uvular surda
Ҳ ҳ	чарогоҳ	[h]	[h] aspirada
Ч ч	чароғ	[ʧ]	Tchau!
Ҷ ҷ	чанҷол	[ʤ]	adjetivo
Ш ш	нашриёт	[ʃ]	mês
Ъ ъ ¹	таърихдон	[ː], [ʼ]	letra muda
Э э	эҳтимолӣ	[ɛ]	mesquita
Ю ю	юнонӣ	[ju]	nacional
Я я	яхбурча	[ja]	Himalaias

Comentários

[1]   [:] - Prolonga a vogal anterior; ['] - após consoantes é usado como um 'sinal forte'

ABREVIATURAS
usadas no vocabulário

Abreviaturas do Português

adj	-	adjetivo
adv	-	advérbio
anim.	-	animado
conj.	-	conjunção
desp.	-	esporte
etc.	-	Etcetera
ex.	-	por exemplo
f	-	nome feminino
f pl	-	feminino plural
fem.	-	feminino
inanim.	-	inanimado
m	-	nome masculino
m pl	-	masculino plural
m, f	-	masculino, feminino
masc.	-	masculino
mat.	-	matemática
mil.	-	militar
pl	-	plural
prep.	-	preposição
pron.	-	pronome
sb.	-	sobre
sing.	-	singular
v aux	-	verbo auxiliar
vi	-	verbo intransitivo
vi, vt	-	verbo intransitivo, transitivo
vr	-	verbo reflexivo
vt	-	verbo transitivo

CONCEITOS BÁSICOS

Conceitos básicos. Parte 1

1. Pronomes

eu	ман	[man]
você	ту	[tu]
ele	ӯ, вай	[œ], [vaj]
ela	ӯ, вай	[œ], [vaj]
ele, ela (neutro)	он	[on]
nós	мо	[mo]
vocês	шумо	[ʃumo]
o senhor, -a	Шумо	[ʃumo]
senhores, -as	Шумо	[ʃumo]
eles, elas (inanim.)	онон	[onon]
eles, elas (anim.)	онхо, вайхо	[onho], [vajho]

2. Cumprimentos. Saudações. Despedidas

Oi!	Салом!	[salom]
Olá!	Ассалом!	[assalom]
Bom dia!	Субхатон ба хайр!	[subhaton ba χajr]
Boa tarde!	Рӯз ба хайр!	[rœz ba χajr]
Boa noite!	Шом ба хайр!	[ʃom ba χajr]
cumprimentar (vt)	саломалейк кардан	[salomalejk kardan]
Oi!	Ассалом! Салом!	[assalom salom]
saudação (f)	вохӯрдй	[voχœrdi:]
saudar (vt)	вохӯрдй кардан	[voχœrdi: kardan]
Como você está?	Корхоятон чй хел?	[korhojaton ʧi: χel]
Como vai?	Корхоят чй хел?	[korhojat ʧi: χel]
E aí, novidades?	Чй навигарй?	[ʧi: navigari:]
Tchau!	То дидан!	[to didan]
Até logo!	Хайр!	[χajr]
Até breve!	То вохӯрии наздик!	[to voχœri:i nazdik]
Adeus! (sing.)	Падруд!	[padrud]
Adeus! (pl)	Хайрбод! Падруд!	[χajrbod padrud]
despedir-se (dizer adeus)	падруд гуфтан	[padrud guftan]
Até mais!	Хайр!	[χajr]
Obrigado! -a!	Рахмат!	[rahmat]
Muito obrigado! -a!	Бисёр рахмат!	[bisjor rahmat]

De nada	Марҳамат!	[marhamat]
Não tem de quê	Намеарзад	[namearzad]
Não foi nada!	Намеарзад	[namearzad]

Desculpa!	Бубахш!	[bubaχʃ]
Desculpe!	Бубахшед!	[bubaχʃed]
desculpar (vt)	афв кардан	[afv kardan]

desculpar-se (vr)	узр пурсидан	[uzr pursidan]
Me desculpe	Маро бубахшед	[maro bubaχʃed]
Desculpe!	Бубахшед!	[bubaχʃed]
perdoar (vt)	бахшидан	[baχʃidan]
Não faz mal	Ҳеч гап не	[heʧ gap ne]
por favor	илтимос	[iltimos]

Não se esqueça!	Фаромӯш накунед!	[faromœʃ nakuned]
Com certeza!	Албатта!	[albatta]
Claro que não!	Албатта не!	[albatta ne]
Está bem! De acordo!	Розй!	[rozi:]
Chega!	Бас!	[bas]

3. Números cardinais. Parte 1

zero	сифр	[sifr]
um	як	[jak]
dois	ду	[du]
três	се	[se]
quatro	чор, чаҳор	[ʧor], [ʧahor]

cinco	панҷ	[panʤ]
seis	шаш	[ʃaʃ]
sete	ҳафт	[haft]
oito	ҳашт	[haʃt]
nove	нуҳ	[nuh]

dez	даҳ	[dah]
onze	ёздаҳ	[jɔzdah]
doze	дувоздаҳ	[duvozdah]
treze	сездаҳ	[sezdah]
catorze	чордаҳ	[ʧordah]

quinze	понздаҳ	[ponzdah]
dezesseis	шонздаҳ	[ʃonzdah]
dezessete	ҳафдаҳ	[hafdah]
dezoito	ҳаждаҳ	[haʒdah]
dezenove	нуздаҳ	[nuzdah]

vinte	бист	[bist]
vinte e um	бисту як	[bistu jak]
vinte e dois	бисту ду	[bistu du]
vinte e três	бисту се	[bistu se]

| trinta | сй | [si:] |
| trinta e um | сию як | [siju jak] |

| trinta e dois | сию ду | [siju du] |
| trinta e três | сию се | [siju se] |

quarenta	чил	[ʧil]
quarenta e um	чилу як	[ʧilu jak]
quarenta e dois	чилу ду	[ʧilu du]
quarenta e três	чилу се	[ʧilu se]

cinquenta	панчоҳ	[panʤoh]
cinquenta e um	панчоҳу як	[panʤohu jak]
cinquenta e dois	панчоҳу ду	[panʤohu du]
cinquenta e três	панчоҳу се	[panʤohu se]

sessenta	шаст	[ʃast]
sessenta e um	шасту як	[ʃastu jak]
sessenta e dois	шасту ду	[ʃastu du]
sessenta e três	шасту се	[ʃastu se]

setenta	ҳафтод	[haftod]
setenta e um	ҳафтоду як	[haftodu jak]
setenta e dois	ҳафтоду ду	[haftodu du]
setenta e três	ҳафтоду се	[haftodu se]

oitenta	ҳаштод	[haʃtod]
oitenta e um	ҳаштоду як	[haʃtodu jak]
oitenta e dois	ҳаштоду ду	[haʃtodu du]
oitenta e três	ҳаштоду се	[haʃtodu se]

noventa	навад	[navad]
noventa e um	наваду як	[navadu jak]
noventa e dois	наваду ду	[navadu du]
noventa e três	наваду се	[navadu se]

4. Números cardinais. Parte 2

cem	сад	[sad]
duzentos	дусад	[dusad]
trezentos	сесад	[sesad]
quatrocentos	чорсад, чаҳорсад	[ʧorsad], [ʧahorsad]
quinhentos	панчсад	[panʤsad]

seiscentos	шашсад	[ʃaʃsad]
setecentos	ҳафтсад	[haftsad]
oitocentos	ҳаштсад	[haʃtsad]
novecentos	нӯҳсадум	[nœhsadum]

mil	ҳазор	[hazor]
dois mil	ду ҳазор	[du hazor]
três mil	се ҳазор	[se hazor]
dez mil	даҳ ҳазор	[dah hazor]
cem mil	сад ҳазор	[sad hazor]

| um milhão | миллион | [million] |
| um bilhão | миллиард | [milliard] |

5. Números. Frações

fração (f)	каср	[kasr]
um meio	аз ду як ҳисса	[az du jak hissa]
um terço	аз се як ҳисса	[az se jak hissa]
um quarto	аз чор як ҳисса	[az tʃor jak hissa]
um oitavo	аз ҳашт як ҳисса	[az haʃt jak hissa]
um décimo	аз даҳ як ҳисса	[az dah jak hissa]
dois terços	аз се ду ҳисса	[az se du hissa]
três quartos	аз чор се ҳисса	[az tʃor se hissa]

6. Números. Operações básicas

subtração (f)	тарҳ	[tarh]
subtrair (vi, vt)	тарҳ кардан	[tarh kardan]
divisão (f)	тақсим	[taqsim]
dividir (vt)	тақсим кардан	[taqsim kardan]
adição (f)	ҷамъ кардани	[dʒam' kardani]
somar (vt)	ҷамъ кардан	[dʒam' kardan]
adicionar (vt)	ҷамъ кардан	[dʒam' kardan]
multiplicação (f)	зарб, зарбзанӣ	[zarb], [zarbzani:]
multiplicar (vt)	зарб задан	[zarb zadan]

7. Números. Diversos

algarismo, dígito (m)	рақам	[raqam]
número (m)	адад	[adad]
numeral (m)	шумора	[ʃumora]
menos (m)	тарҳ	[tarh]
mais (m)	ҷамъ	[dʒam']
fórmula (f)	формула	[formula]
cálculo (m)	ҳисоб кардани	[hisob kardani]
contar (vt)	шумурдан	[ʃumurdan]
calcular (vt)	ҳисоб кардан	[hisob kardan]
comparar (vt)	муқоиса кардан	[muqoisa kardan]
Quanto?	Чӣ қадар?	[tʃi: qadar]
Quantos? -as?	Чанд-то?	[tʃand-to]
soma (f)	ҳосили ҷамъ	[hosili dʒam']
resultado (m)	натиҷа	[natidʒa]
resto (m)	бақия	[baqija]
alguns, algumas ...	якчанд	[jaktʃand]
pouco (~ tempo)	чанд	[tʃand]
resto (m)	боқимонда	[boqimonda]
um e meio	якуним	[jakunim]
ao meio	ним	[nim]
em partes iguais	баробар	[barobar]

| metade (f) | нисф | [nisf] |
| vez (f) | бор | [bor] |

8. Os verbos mais importantes. Parte 1

abrir (vt)	кушодан	[kuʃodan]
acabar, terminar (vt)	тамом кардан	[tamom kardan]
aconselhar (vt)	маслиҳат додан	[maslihat dodan]
adivinhar (vt)	ёфтан	[joftan]
advertir (vt)	танбеҳ додан	[tanbeh dodan]
ajudar (vt)	кумак кардан	[kumak kardan]
almoçar (vi)	хӯроки пешин хӯрдан	[χœroki peʃin χœrdan]
alugar (~ um apartamento)	ба иҷора гирифтан	[ba idʒora giriftan]
amar (pessoa)	дӯст доштан	[dœst doʃtan]
ameaçar (vt)	дӯғ задан	[dœʁ zadan]
anotar (escrever)	навиштан	[naviʃtan]
apressar-se (vr)	шитоб кардан	[ʃitob kardan]
arrepender-se (vr)	таассуф хӯрдан	[taassuf χœrdan]
assinar (vt)	имзо кардан	[imzo kardan]
brincar (vi)	шӯхӣ кардан	[ʃœχi: kardan]
brincar, jogar (vi, vt)	бозӣ кардан	[bozi: kardan]
buscar (vt)	ҷустан	[dʒustan]
caçar (vi)	шикор кардан	[ʃikor kardan]
cair (vi)	афтодан	[aftodan]
cavar (vt)	кофтан	[koftan]
chamar (~ por socorro)	чеғ задан	[dʒeʁ zadan]
chegar (vi)	расидан	[rasidan]
chorar (vi)	гиря кардан	[girja kardan]
começar (vt)	сар кардан	[sar kardan]
comparar (vt)	муқоиса кардан	[muqoisa kardan]
concordar (dizer "sim")	розигӣ додан	[rozigi: dodan]
confiar (vt)	бовар кардан	[bovar kardan]
confundir (equivocar-se)	иштибоҳ кардан	[iʃtiboh kardan]
conhecer (vt)	донистан	[donistan]
contar (fazer contas)	ҳисоб кардан	[hisob kardan]
contar com …	умед бастан	[umed bastan]
continuar (vt)	давомат кардан	[davomat kardan]
controlar (vt)	назорат кардан	[nazorat kardan]
convidar (vt)	даъват кардан	[da'vat kardan]
correr (vi)	давидан	[davidan]
criar (vt)	офаридан	[ofaridan]
custar (vt)	арзидан	[arzidan]

9. Os verbos mais importantes. Parte 2

| dar (vt) | додан | [dodan] |
| dar uma dica | луқма додан | [luqma dodan] |

decorar (enfeitar)	оростан	[orostan]
defender (vt)	муҳофиза кардан	[muhofiza kardan]
deixar cair (vt)	афтондан	[aftondan]
descer (para baixo)	фуромадан	[furomadan]
desculpar (vt)	афв кардан	[afv kardan]
desculpar-se (vr)	узр пурсидан	[uzr pursidan]
dirigir (~ uma empresa)	сардорӣ кардан	[sardori: kardan]
discutir (notícias, etc.)	муҳокима кардан	[muhokima kardan]
disparar, atirar (vi)	тир задан	[tir zadan]
dizer (vt)	гуфтан	[guftan]
duvidar (vt)	шак доштан	[ʃak doʃtan]
encontrar (achar)	ёфтан	[jɔftan]
enganar (vt)	фирефтан	[fireftan]
entender (vt)	фаҳмидан	[fahmidan]
entrar (na sala, etc.)	даромадан	[daromadan]
enviar (uma carta)	ирсол кардан	[irsol kardan]
errar (enganar-se)	хато кардан	[xato kardan]
escolher (vt)	интихоб кардан	[intixob kardan]
esconder (vt)	пинҳон кардан	[pinhon kardan]
escrever (vt)	навиштан	[naviʃtan]
esperar (aguardar)	поидан	[poidan]
esperar (ter esperança)	умед доштан	[umed doʃtan]
esquecer (vt)	фаромӯш кардан	[faromœʃ kardan]
estudar (vt)	омӯхтан	[omœxtan]
exigir (vt)	талаб кардан	[talab kardan]
existir (vi)	зиндагӣ кардан	[zindagi: kardan]
explicar (vt)	шарҳ додан	[ʃarh dodan]
falar (vi)	гап задан	[gap zadan]
faltar (a la escuela, etc.)	набудан	[nabudan]
fazer (vt)	кардан	[kardan]
ficar em silêncio	хомӯш будан	[xomœʃ budan]
gabar-se (vr)	худситой кардан	[xudsitoi: kardan]
gostar (apreciar)	форидан	[foridan]
gritar (vi)	дод задан	[dod zadan]
guardar (fotos, etc.)	нигоҳ доштан	[nigoh doʃtan]
informar (vt)	ахборот додан	[axborot dodan]
insistir (vi)	сахт истодан	[saxt istodan]
insultar (vt)	таҳқир кардан	[tahqir kardan]
interessar-se (vr)	ҳавас кардан	[havas kardan]
ir (a pé)	рафтан	[raftan]
ir nadar	оббозӣ кардан	[obbozi: kardan]
jantar (vi)	хӯроки шом хӯрдан	[xœroki ʃom xœrdan]

10. Os verbos mais importantes. Parte 3

ler (vt)	хондан	[xondan]
libertar, liberar (vt)	озод кардан	[ozod kardan]

matar (vt)	куштан	[kuʃtan]
mencionar (vt)	гуфта гузаштан	[gufta guzaʃtan]
mostrar (vt)	нишон додан	[niʃon dodan]
mudar (modificar)	иваз кардан	[ivaz kardan]
nadar (vi)	шино кардан	[ʃino kardan]
negar-se a … (vr)	рад кардан	[rad kardan]
objetar (vt)	зид баромадан	[zid baromadan]
observar (vt)	назорат кардан	[nazorat kardan]
ordenar (mil.)	фармон додан	[farmon dodan]
ouvir (vt)	шунидан	[ʃunidan]
pagar (vt)	пул додан	[pul dodan]
parar (vi)	истодан	[istodan]
parar, cessar (vt)	бас кардан	[bas kardan]
participar (vi)	иштирок кардан	[iʃtirok kardan]
pedir (comida, etc.)	супоридан	[suporidan]
pedir (um favor, etc.)	пурсидан	[pursidan]
pegar (tomar)	гирифтан	[giriftan]
pegar (uma bola)	доштан	[doʃtan]
pensar (vi, vt)	фикр кардан	[fikr kardan]
perceber (ver)	дида мондан	[dida mondan]
perdoar (vt)	бахшидан	[baxʃidan]
perguntar (vt)	пурсидан	[pursidan]
permitir (vt)	иҷозат додан	[idʒozat dodan]
pertencer a … (vi)	таалуқ доштан	[taaluq doʃtan]
planejar (vt)	нақша кашидан	[naqʃa kaʃidan]
poder (~ fazer algo)	тавонистан	[tavonistan]
possuir (uma casa, etc.)	соҳиб будан	[sohib budan]
preferir (vt)	бехтар донистан	[bextar donistan]
preparar (vt)	пухтан	[puxtan]
prever (vt)	пешбинӣ кардан	[peʃbini: kardan]
prometer (vt)	ваъда додан	[va'da dodan]
pronunciar (vt)	талаффуз кардан	[talaffuz kardan]
propor (vt)	таклиф кардан	[taklif kardan]
punir (castigar)	ҷазо додан	[dʒazo dodan]
quebrar (vt)	шикастан	[ʃikastan]
queixar-se de …	шикоят кардан	[ʃikojat kardan]
querer (desejar)	хостан	[xostan]

11. Os verbos mais importantes. Parte 4

ralhar, repreender (vt)	дашном додан	[daʃnom dodan]
recomendar (vt)	маслиҳат додан	[maslihat dodan]
repetir (dizer outra vez)	такрор кардан	[takror kardan]
reservar (~ um quarto)	нигоҳ доштан	[nigoh doʃtan]
responder (vt)	ҷавоб додан	[dʒavob dodan]
rezar, orar (vi)	намоз хондан	[namoz xondan]
rir (vi)	хандидан	[xandidan]

roubar (vt)	дуздидан	[duzdidan]
saber (vt)	донистан	[donistan]
sair (~ de casa)	баромадан	[baromadan]

salvar (resgatar)	наҷот додан	[nadʒot dodan]
seguir (~ alguém)	рафтан	[raftan]
sentar-se (vr)	нишастан	[niʃastan]
ser necessário	даркор будан	[darkor budan]

ser, estar	будан	[budan]
significar (vt)	маъно доштан	[ma'no doʃtan]
sorrir (vi)	табассум кардан	[tabassum kardan]
subestimar (vt)	хунукназарӣ кардан	[xunuknazari: kardan]
surpreender-se (vr)	ба ҳайрат афтодан	[ba hajrat aftodan]

tentar (~ fazer)	озмоиш кардан	[ozmoiʃ kardan]
ter (vt)	доштан	[doʃtan]
ter fome	хӯрок хостан	[xœrok xostan]

ter medo	тарсидан	[tarsidan]
ter sede	об хостан	[ob xostan]
tocar (com as mãos)	даст расондан	[dast rasondan]
tomar café da manhã	ноништа кардан	[noniʃta kardan]
trabalhar (vi)	кор кардан	[kor kardan]
traduzir (vt)	тарҷума кардан	[tardʒuma kardan]

unir (vt)	якҷоя кардан	[jakdʒoja kardan]
vender (vt)	фурӯхтан	[furœxtan]
ver (vt)	дидан	[didan]
virar (~ para a direita)	гардонидан	[gardonidan]
voar (vi)	паридан	[paridan]

12. Cores

cor (f)	ранг	[rang]
tom (m)	тобиш	[tobiʃ]
tonalidade (m)	тобиш, лавн	[tobiʃ], [lavn]
arco-íris (m)	рангинкамон	[ranginkamon]

branco (adj)	сафед	[safed]
preto (adj)	сиёҳ	[sijoh]
cinza (adj)	адкан	[adkan]

verde (adj)	сабз, кабуд	[sabz], [kabud]
amarelo (adj)	зард	[zard]
vermelho (adj)	сурх, арғувонӣ	[surx], [arʁuvoni:]

azul (adj)	кабуд	[kabud]
azul claro (adj)	осмонӣ	[osmoni:]
rosa (adj)	гулобӣ	[gulobi:]
laranja (adj)	норанҷӣ	[norandʒi:]
violeta (adj)	бунафш	[bunafʃ]
marrom (adj)	қаҳвагӣ	[qahvagi:]
dourado (adj)	тиллоранг	[tillorang]

prateado (adj)	нуқрафом	[nuqrafom]
bege (adj)	каҳваранг	[kahvarang]
creme (adj)	зардтоб	[zardtob]
turquesa (adj)	фирӯзаранг	[firœzarang]
vermelho cereja (adj)	олуболугӣ	[olubolugi:]
lilás (adj)	бунафш, нофармон	[bunaff], [nofarmon]
carmim (adj)	сурхи сиехтоб	[surχi siehtob]
claro (adj)	кушод	[kuʃod]
escuro (adj)	торик	[torik]
vivo (adj)	тоза	[toza]
de cor	ранга	[ranga]
a cores	ранга	[ranga]
preto e branco (adj)	сиёҳу сафед	[sijɔhu safed]
unicolor (de uma só cor)	якранга	[jakranga]
multicolor (adj)	рангоранг	[rangorang]

13. Questões

Quem?	Кӣ?	[ki:]
O que?	Чӣ?	[ʧi:]
Onde?	Дар кучо?	[dar kuʤo]
Para onde?	Кучо?	[kuʤo]
De onde?	Аз кучо?	[az kuʤo]
Quando?	Кай?	[kaj]
Para quê?	Барои чӣ?	[baroi ʧi:]
Por quê?	Барои чӣ?	[baroi ʧi:]
Para quê?	Барои чӣ?	[baroi ʧi:]
Como?	Чӣ хел?	[ʧi: χel]
Qual (~ é o problema?)	Кадом?	[kadom]
Qual (~ deles?)	Чанд? Чандум?	[ʧand ʧandum]
A quem?	Ба кӣ?	[ba ki:]
De quem?	Дар бораи кӣ?	[dar borai ki:]
Do quê?	Дар бораи чӣ?	[dar borai ʧi:]
Com quem?	Бо кӣ?	[bo ki:]
Quantos? -as?	Чанд-то?	[ʧand-to]
Quanto?	Чӣ қадар?	[ʧi: qadar]
De quem (~ é isto?)	Аз они кӣ?	[az oni ki:]

14. Palavras funcionais. Advérbios. Parte 1

Onde?	Дар кучо?	[dar kuʤo]
aqui	ин чо	[in ʤo]
lá, ali	он чо	[on ʤo]
em algum lugar	дар кучое	[dar kuʤoe]
em lugar nenhum	дар хеч чо	[dar heʤ ʤo]
perto de …	дар назди …	[dar nazdi]

perto da janela	дар назди тиреза	[dar nazdi tireza]
Para onde?	Кучо?	[kudʒo]
aqui	ин чо	[in ʧo]
para lá	ба он чо	[ba on dʒo]
daqui	аз ин чо	[az in dʒo]
de lá, dali	аз он чо	[az on dʒo]
perto	наздик	[nazdik]
longe	дур	[dur]
perto de …	дар бари	[dar bari]
à mão, perto	бисёр наздик	[bisjor nazdik]
não fica longe	наздик	[nazdik]
esquerdo (adj)	чап	[ʧap]
à esquerda	аз чап	[az ʧap]
para a esquerda	ба тарафи чап	[ba tarafi ʧap]
direito (adj)	рост	[rost]
à direita	аз рост	[az rost]
para a direita	ба тарафи рост	[ba tarafi rost]
em frente	аз пеш	[az peʃ]
da frente	пешин	[peʃin]
adiante (para a frente)	ба пеш	[ba peʃ]
atrás de …	дар қафои	[dar qafoi]
de trás	аз қафо	[az qafo]
para trás	ақиб	[aqib]
meio (m), metade (f)	миёна	[mijɔna]
no meio	дар миёна	[dar mijɔna]
do lado	аз паҳлу	[az pahlu]
em todo lugar	дар ҳар чо	[dar har dʒo]
por todos os lados	гирду атроф	[girdu atrof]
de dentro	аз дарун	[az darun]
para algum lugar	ба ким-кучо	[ba kim-kudʒo]
diretamente	миёнбур карда	[mijɔnbur karda]
de volta	ба ақиб	[ba aqib]
de algum lugar	аз ягон чо	[az jagon dʒo]
de algum lugar	аз як чо	[az jak dʒo]
em primeiro lugar	аввалан	[avvalan]
em segundo lugar	дуюм	[dujum]
em terceiro lugar	сеюм	[sejum]
de repente	ногоҳ, баногоҳ	[nogoh], [banogoh]
no início	дар аввал	[dar avval]
pela primeira vez	якумин	[jakumin]
muito antes de …	хеле пеш	[xele peʃ]
de novo	аз нав	[az nav]
para sempre	тамоман	[tamoman]
nunca	ҳеч гоҳ	[hedʒ goh]

de novo	боз, аз дигар	[boz], [az digar]
agora	акнун	[aknun]
frequentemente	тез-тез	[tez-tez]
então	он вақт	[on vaqt]
urgentemente	зуд, фавран	[zud], [favran]
normalmente	одатан	[odatan]

a propósito, ...	воқеан	[voqean]
é possível	шояд	[ʃojad]
provavelmente	эҳтимол	[ɛhtimol]
talvez	эҳтимол, шояд	[ɛhtimol], [ʃojad]
além disso, ...	ғайр аз он	[ʁajr az on]
por isso ...	бинобар ин	[binobar in]
apesar de ...	ба ин нигоҳ накарда	[ba in nigoh nakarda]
graças a ...	ба туфайли ...	[ba tufajli]

que (pron.)	чӣ	[tʃi:]
que (conj.)	ки	[ki]
algo	чизе	[tʃize]
alguma coisa	ягон чиз	[jagon tʃiz]
nada	ҳеч чиз	[heʤ tʃiz]

quem	кӣ	[ki:]
alguém (~ que ...)	ким-кӣ	[kim-ki:]
alguém (com ~)	касе	[kase]

ninguém	ҳеч кас	[heʤ kas]
para lugar nenhum	ба ҳеч кучо	[ba heʤ kuʤo]
de ninguém	бесоҳиб	[besohib]
de alguém	аз они касе	[az oni kase]

tão	чунон	[tʃunon]
também (gostaria ~ de ...)	ҳам	[ham]
também (~ eu)	низ, ҳам	[niz], [ham]

15. Palavras funcionais. Advérbios. Parte 2

Por quê?	Барои чӣ?	[baroi tʃi:]
por alguma razão	бо ким-кадом сабаб	[bo kim-kadom sabab]
porque ...	зеро ки	[zero ki]
por qualquer razão	барои чизе	[baroi tʃize]

e (tu ~ eu)	ва, ... у, ... ю	[va], [u], [ju]
ou (ser ~ não ser)	ё	[jɔ]
mas (porém)	аммо, лекин	[ammo], [lekin]
para (~ a minha mãe)	барои	[baroi]

muito, demais	аз меъёр зиёд	[az me'jɔr zijɔd]
só, somente	фақат	[faqat]
exatamente	айнан	[ajnan]
cerca de (~ 10 kg)	тақрибан	[taqriban]

| aproximadamente | тақрибан | [taqriban] |
| aproximado (adj) | тақрибӣ | [taqribi:] |

| quase | қариб | [qarib] |
| resto (m) | боқимонда | [boqimonda] |

o outro (segundo)	дигар	[digar]
outro (adj)	дигар	[digar]
cada (adj)	ҳар	[har]
qualquer (adj)	ҳар	[har]
muito, muitos, muitas	бисёр, хеле	[bisjɔr], [χele]
muitas pessoas	бисёриҳо	[bisjɔriho]
todos	ҳама	[hama]

em troca de ...	ба ивази	[ba ivazi]
em troca	ба ивазаш	[ba ivazaʃ]
à mão	дастй	[dasti:]
pouco provável	ба гумон	[ba gumon]

provavelmente	эҳтимол, шояд	[ɛhtimol], [ʃojad]
de propósito	барқасд	[barqasd]
por acidente	тасодуфан	[tasodufan]

muito	хеле	[χele]
por exemplo	масалан, чунончи	[masalan], [ʧunonʧi]
entre	дар байни	[dar bajni]
entre (no meio de)	дар байни ...	[dar bajni]
tanto	ин қадар	[in qadar]
especialmente	хусусан	[χususan]

Conceitos básicos. Parte 2

16. Opostos

rico (adj)	бой, давлатманд	[boj], [davlatmand]
pobre (adj)	камбағал	[kambaʁal]
doente (adj)	касал, бемор	[kasal], [bemor]
bem (adj)	тандуруст	[tandurust]
grande (adj)	калон, бузург	[kalon], [buzurg]
pequeno (adj)	хурд	[χurd]
rapidamente	босуръат	[bosur'at]
lentamente	оҳиста	[ohista]
rápido (adj)	босуръат	[bosur'at]
lento (adj)	оҳиста	[ohista]
alegre (adj)	хушхол	[χuʃhol]
triste (adj)	ғамгинона	[ʁamginona]
juntos (ir ~)	дар як чо	[dar jak dʒo]
separadamente	алоҳида	[alohida]
em voz alta (ler ~)	бо овози баланд	[bo ovozi baland]
para si (em silêncio)	ба дили худ	[ba dili χud]
alto (adj)	баланд	[baland]
baixo (adj)	паст	[past]
profundo (adj)	чукур	[tʃuqur]
raso (adj)	пастоб	[pastob]
sim	ҳа	[ha]
não	не	[ne]
distante (adj)	дур	[dur]
próximo (adj)	наздик	[nazdik]
longe	дур	[dur]
à mão, perto	бисёр наздик	[bisjor nazdik]
longo (adj)	дароз, дур	[daroz], [dur]
curto (adj)	кӯтоҳ	[kœtoh]
bom (bondoso)	нек	[nek]
mal (adj)	бад	[bad]
casado (adj)	зандор	[zandor]

solteiro (adj)	мучаррад	[mudʒarrad]
proibir (vt)	манъ кардан	[man' kardan]
permitir (vt)	ичозат додан	[idʒozat dodan]
fim (m)	охир	[oχir]
início (m)	сар	[sar]
esquerdo (adj)	чап	[tʃap]
direito (adj)	рост	[rost]
primeiro (adj)	якум	[jakum]
último (adj)	охирин	[oχirin]
crime (m)	чиноят	[dʒinojat]
castigo (m)	чазо	[dʒazo]
ordenar (vt)	фармон додан	[farmon dodan]
obedecer (vt)	зердаст шудан	[zerdast ʃudan]
reto (adj)	рост	[rost]
curvo (adj)	кач	[kadʒ]
paraíso (m)	бихишт	[bihiʃt]
inferno (m)	дӯзах, чаханнам	[dœzaχ], [dʒahannam]
nascer (vi)	таваллуд шудан	[tavallud ʃudan]
morrer (vi)	мурдан	[murdan]
forte (adj)	зӯр	[zœr]
fraco, débil (adj)	заиф	[zaif]
velho, idoso (adj)	пир	[pir]
jovem (adj)	чавон	[dʒavon]
velho (adj)	кӯхна	[kœhna]
novo (adj)	нав	[nav]
duro (adj)	сахт	[saχt]
macio (adj)	нарм, мулоим	[narm], [muloim]
quente (adj)	гарм	[garm]
frio (adj)	хунук	[χunuk]
gordo (adj)	фарбех	[farbeh]
magro (adj)	лоғар	[loʁar]
estreito (adj)	танг	[tang]
largo (adj)	васеъ	[vase']
bom (adj)	хуб	[χub]
mau (adj)	бад	[bad]
valente, corajoso (adj)	нотарс	[notars]
covarde (adj)	тарсончак	[tarsontʃak]

17. Dias da semana

segunda-feira (f)	душанбе	[duʃanbe]
terça-feira (f)	сешанбе	[seʃanbe]
quarta-feira (f)	чоршанбе	[tʃorʃanbe]
quinta-feira (f)	панчшанбе	[pandʒʃanbe]
sexta-feira (f)	чумъа	[dʒum'a]
sábado (m)	шанбе	[ʃanbe]
domingo (m)	якшанбе	[jakʃanbe]
hoje	имрӯз	[imrœz]
amanhã	пагоҳ, фардо	[pagoh], [fardo]
depois de amanhã	пасфардо	[pasfardo]
ontem	дирӯз, дина	[dirœz], [dina]
anteontem	парирӯз	[parirœz]
dia (m)	рӯз	[rœz]
dia (m) de trabalho	рӯзи кор	[rœzi kor]
feriado (m)	рӯзи ид	[rœzi id]
dia (m) de folga	рӯзи истироҳат	[rœzi istirohat]
fim (m) de semana	рӯзҳои истироҳат	[rœzhoi istirohat]
o dia todo	тамоми рӯз	[tamomi rœz]
no dia seguinte	рӯзи дигар	[rœzi digar]
há dois dias	ду рӯз пеш	[du rœz peʃ]
na véspera	як рӯз пеш	[jak rœz peʃ]
diário (adj)	ҳаррӯза	[harrœza]
todos os dias	ҳар рӯз	[har rœz]
semana (f)	ҳафта	[hafta]
na semana passada	ҳафтаи гузашта	[haftai guzaʃta]
semana que vem	ҳафтаи оянда	[haftai ojanda]
semanal (adj)	ҳафтаина	[haftaina]
toda semana	ҳар ҳафта	[har hafta]
duas vezes por semana	ҳафтае ду маротиба	[haftae du marotiba]
toda terça-feira	ҳар сешанбе	[har seʃanbe]

18. Horas. Dia e noite

manhã (f)	пагоҳӣ	[pagohi:]
de manhã	пагоҳирӯзӣ	[pagohirœzi:]
meio-dia (m)	нисфи рӯз	[nisfi rœz]
à tarde	баъди пешин	[ba'di peʃin]
tardinha (f)	бегоҳ, бегоҳирӯз	[begoh], [begohirœz]
à tardinha	бегоҳӣ, бегоҳирӯзӣ	[begohi:], [begohirœzi:]
noite (f)	шаб	[ʃab]
à noite	шабона	[ʃabona]
meia-noite (f)	нисфи шаб	[nisfi ʃab]
segundo (m)	сония	[sonija]
minuto (m)	дақиқа	[daqiqa]
hora (f)	соат	[soat]

meia hora (f)	нимсоат	[nimsoat]
quarto (m) de hora	чоряки соат	[tʃorjaki soat]
quinze minutos	понздаҳ даќиќа	[ponzdah daqiqa]
vinte e quatro horas	шабонарӯз	[ʃabonarœz]
nascer (m) do sol	тулӯъ	[tulœ']
amanhecer (m)	субҳидам	[subhidam]
madrugada (f)	субҳи барваќт	[subhi barvaqt]
pôr-do-sol (m)	ѓуруби офтоб	[ʁurubi oftob]
de madrugada	субҳи барваќт	[subhi barvaqt]
esta manhã	имрӯз пагоҳӣ	[imrœz pagohi:]
amanhã de manhã	пагоҳ саҳарӣ	[pagoh sahari:]
esta tarde	имрӯз	[imrœz]
à tarde	баъди пешин	[ba'di peʃin]
amanhã à tarde	пагоҳ баъди пешин	[pagoh ba'di peʃin]
esta noite, hoje à noite	ҳамин бегоҳ	[hamin begoh]
amanhã à noite	фардо бегоҳӣ	[fardo begohi:]
às três horas em ponto	расо соати се	[raso soati se]
por volta das quatro	наздикии соати чор	[nazdiki:i soati tʃor]
às doze	соатҳои дувоздаҳ	[soathoi duvozdah]
em vinte minutos	баъд аз бист даќиќа	[ba'd az bist daqiqa]
em uma hora	баъд аз як соат	[ba'd az jak soat]
a tempo	дар ваќташ	[dar vaqtaʃ]
… um quarto para	понздаҳто кам	[ponzdahto kam]
dentro de uma hora	дар давоми як соат	[dar davomi jak soat]
a cada quinze minutos	ҳар понздаҳ даќиќа	[har ponzdah daqiqa]
as vinte e quatro horas	шабу рӯз	[ʃabu rœz]

19. Meses. Estações

janeiro (m)	январ	[janvar]
fevereiro (m)	феврал	[fevral]
março (m)	март	[mart]
abril (m)	апрел	[aprel]
maio (m)	май	[maj]
junho (m)	июн	[ijun]
julho (m)	июл	[ijul]
agosto (m)	август	[avgust]
setembro (m)	сентябр	[sentjabr]
outubro (m)	октябр	[oktjabr]
novembro (m)	ноябр	[nojabr]
dezembro (m)	декабр	[dekabr]
primavera (f)	баҳор, баҳорон	[bahor], [bahoron]
na primavera	дар фасли баҳор	[dar fasli bahor]
primaveril (adj)	баҳорӣ	[bahori:]
verão (m)	тобистон	[tobiston]

no verão	дар тобистон	[dar tobiston]
de verão	тобистона	[tobistona]
outono (m)	тирамоҳ	[tiramoh]
no outono	дар тирамоҳ	[dar tiramoh]
outonal (adj)	… и тирамоҳ	[i tiramoh]
inverno (m)	зимистон	[zimiston]
no inverno	дар зимистон	[dar zimiston]
de inverno	зимистонӣ, … и зимистон	[zimistoni:], [i zimiston]
mês (m)	моҳ	[moh]
este mês	ҳамин моҳ	[hamin moh]
mês que vem	дар моҳи оянда	[dar mohi ojanda]
no mês passado	дар моҳи гузашта	[dar mohi guzaʃta]
um mês atrás	як моҳ пеш	[jak moh peʃ]
em um mês	баъд аз як моҳ	[ba'd az jak moh]
em dois meses	баъд аз ду моҳ	[ba'd az du moh]
todo o mês	тамоми моҳ	[tamomi moh]
um mês inteiro	тамоми моҳ	[tamomi moh]
mensal (adj)	ҳармоҳа	[harmoha]
mensalmente	ҳар моҳ	[har moh]
todo mês	ҳар моҳ	[har moh]
duas vezes por mês	ду маротиба дар як моҳ	[du marotiba dar jak moh]
ano (m)	сол	[sol]
este ano	ҳамин сол	[hamin sol]
ano que vem	соли оянда	[soli ojanda]
no ano passado	соли гузашта	[soli guzaʃta]
há um ano	як сол пеш	[jak sol peʃ]
em um ano	баъд аз як сол	[ba'd az jak sol]
dentro de dois anos	баъд аз ду сол	[ba'd az du sol]
todo o ano	тамоми сол	[tamomi sol]
um ano inteiro	як соли пурра	[jak soli purra]
cada ano	ҳар сол	[har sol]
anual (adj)	ҳарсола	[harsola]
anualmente	ҳар сол	[har sol]
quatro vezes por ano	чор маротиба дар як сол	[ʧor marotiba dar jak sol]
data (~ de hoje)	таърих, рӯз	[ta'riχ], [rœz]
data (ex. ~ de nascimento)	сана	[sana]
calendário (m)	тақвим, солнома	[taqvim], [solnoma]
meio ano	ним сол	[nim sol]
seis meses	нимсола	[nimsola]
estação (f)	фасл	[fasl]
século (m)	аср	[asr]

20. Tempo. Diversos

tempo (m)	вақт	[vaqt]
momento (m)	лаҳза, дам	[lahza], [dam]

instante (m)	лаҳза	[lahza]
instantâneo (adj)	яклаҳзай	[jaklahzai:]
lapso (m) de tempo	муддати муайян	[muddati muajjan]
vida (f)	ҳаёт	[hajot]
eternidade (f)	абад, абадият	[abad], [abadijat]

época (f)	давр, давра	[davr], [davra]
era (f)	эра, давра	[ɛra], [davra]
ciclo (m)	доира	[doira]
período (m)	давр	[davr]
prazo (m)	муддат	[muddat]

futuro (m)	оянда	[ojanda]
futuro (adj)	оянда	[ojanda]
da próxima vez	бори дигар	[bori digar]
passado (m)	гузашта	[guzaʃta]
passado (adj)	гузашта	[guzaʃta]
na última vez	бори гузашта	[bori guzaʃta]
mais tarde	баъдтар	[ba'dtar]
depois de ...	баъди	[ba'di]
atualmente	ҳамин замон	[hamin zamon]
agora	ҳозир	[hozir]
imediatamente	фавран	[favran]
em breve	ба зудй ... мешавад	[ba zudi: meʃavad]
de antemão	пешакй	[peʃaki:]

há muito tempo	кайҳо	[kajho]
recentemente	ба наздикй	[ba nazdiki:]
destino (m)	тақдир	[taqdir]
recordações (f pl)	хотира	[χotira]
arquivo (m)	архив	[arχiv]
durante ...	дар вақти ...	[dar vaqti]
durante muito tempo	дуру дароз	[duru daroz]
pouco tempo	кӯтоҳ	[kœtoh]
cedo (levantar-se ~)	барвақт	[barvaqt]
tarde (deitar-se ~)	дер	[der]

para sempre	ҳамешагй	[hameʃagi:]
começar (vt)	сар кардан	[sar kardan]
adiar (vt)	ба вақти дигар мондан	[ba vaqti digar mondan]

ao mesmo tempo	дар як вақт	[dar jak vaqt]
permanentemente	доимо, ҳамеша	[doimo], [hameʃa]
constante (~ ruído, etc.)	доимй, ҳамешагй	[doimi:], [hameʃagi:]
temporário (adj)	мувақҷатй	[muvaqqati:]

às vezes	баъзан	[ba'zan]
raras vezes, raramente	кам, аҳёнан	[kam], [ahjɔnan]
frequentemente	тез-тез	[tez-tez]

21. Linhas e formas

quadrado (m)	квадрат, мураббаъ	[kvadrat], [murabba']
quadrado (adj)	... и квадрат	[i kvadrat]

círculo (m)	давра	[davra]
redondo (adj)	даврашакл	[davraʃakl]
triângulo (m)	сегӯша, секунча	[segœʃa], [sekundʒa]
triangular (adj)	сегӯша, секунча	[segœʃa], [sekundʒa]
oval (f)	байзӣ	[bajzi:]
oval (adj)	байзӣ	[bajzi:]
retângulo (m)	росткунча	[rostkundʒa]
retangular (adj)	росткунча	[rostkundʒa]
pirâmide (f)	пирамида	[piramida]
losango (m)	ромб	[romb]
trapézio (m)	трапетсия	[trapetsija]
cubo (m)	мукааб	[mukaab]
prisma (m)	призма	[prizma]
circunferência (f)	давра	[davra]
esfera (f)	кура	[kura]
globo (m)	кура	[kura]
diâmetro (m)	диаметр, қутр	[diametr], [qutr]
raio (m)	радиус	[radius]
perímetro (m)	периметр	[perimetr]
centro (m)	марказ	[markaz]
horizontal (adj)	уфуқӣ	[ufuqi:]
vertical (adj)	амуди, шоқулӣ	[amudi], [ʃoquli:]
paralela (f)	параллел	[parallel]
paralelo (adj)	мувозӣ	[muvozi:]
linha (f)	хат	[χat]
traço (m)	хат, рах	[χat], [raχ]
reta (f)	хати рост	[χati rost]
curva (f)	хати кач	[χati kadʒ]
fino (linha ~a)	борик	[borik]
contorno (m)	контур, суроб	[kontur], [surob]
interseção (f)	бурида гузаштан	[burida guzaʃtan]
ângulo (m) reto	кунчи рост	[kundʒi rost]
segmento (m)	сегмент	[segment]
setor (m)	сектор	[sektor]
lado (de um triângulo, etc.)	пахлу	[paχlu]
ângulo (m)	кунч	[kundʒ]

22. Unidades de medida

peso (m)	вазн	[vazn]
comprimento (m)	дарозӣ	[darozi:]
largura (f)	арз	[arz]
altura (f)	баландӣ	[balandi:]
profundidade (f)	чуқурӣ	[tʃuquri:]
volume (m)	ҳачм	[hadʒm]
área (f)	масоҳат	[masohat]
grama (m)	грам	[gram]
miligrama (m)	миллиграмм	[milligramm]

quilograma (m)	килограмм	[kilogramm]
tonelada (f)	тонна	[tonna]
libra (453,6 gramas)	қадоқ	[qadoq]
onça (f)	вақия	[vaqija]
metro (m)	метр	[metr]
milímetro (m)	миллиметр	[millimetr]
centímetro (m)	сантиметр	[santimetr]
quilômetro (m)	километр	[kilometr]
milha (f)	мил	[mil]
pé (304,74 mm)	фут	[fut]
jarda (914,383 mm)	ярд	[jard]
metro (m) quadrado	метри квадратӣ	[metri kvadrati:]
hectare (m)	гектар	[gektar]
litro (m)	литр	[litr]
grau (m)	дараҷа	[daradʒa]
volt (m)	волт	[volt]
ampère (m)	ампер	[amper]
cavalo (m) de potência	қувваи асп	[quvvai asp]
quantidade (f)	миқдор	[miqdor]
um pouco de …	камтар	[kamtar]
metade (f)	нисф	[nisf]
peça (f)	дона	[dona]
tamanho (m), dimensão (f)	ҳаҷм	[hadʒm]
escala (f)	масштаб	[masʃtab]
mínimo (adj)	камтарин	[kamtarin]
menor, mais pequeno	хурдтарин	[xurdtarin]
médio (adj)	миёна	[mijɔna]
máximo (adj)	ниҳоят калон	[nihojat kalon]
maior, mais grande	калонтарин	[kalontarin]

23. Recipientes

pote (m) de vidro	банкаи шишагӣ	[bankai ʃiʃagi:]
lata (~ de cerveja)	банкаи тунукагӣ	[bankai tunukagi:]
balde (m)	сатил	[satil]
barril (m)	бочка, чалак	[botʃka], [tʃalak]
bacia (~ de plástico)	тағора	[taɣora]
tanque (m)	бак, чалак	[bak], [tʃalak]
cantil (m) de bolso	обдон	[obdon]
galão (m) de gasolina	канистра	[kanistra]
cisterna (f)	систерна	[sisterna]
caneca (f)	кружка, дӯлча	[kruʒka], [dœltʃa]
xícara (f)	косача	[kosatʃa]
pires (m)	тақсимӣ, тақсимича	[taqsimi:], [taqsimitʃa]
copo (m)	стакан	[stakan]

| taça (f) de vinho | бокал | [bokal] |
| panela (f) | дегча | [degʧa] |

| garrafa (f) | шиша, сурохӣ | [ʃiʃa], [surohi:] |
| gargalo (m) | даҳани шиша | [dahani ʃiʃa] |

jarra (f)	сурохӣ	[surohi:]
jarro (m)	кӯза	[kœza]
recipiente (m)	зарф	[zarf]
pote (m)	хурмача	[xurmaʧa]
vaso (m)	гулдон	[guldon]

frasco (~ de perfume)	шиша	[ʃiʃa]
frasquinho (m)	ҳубобча	[hubobʧa]
tubo (m)	лӯлача	[lœlaʧa]

saco (ex. ~ de açúcar)	халта	[xalta]
sacola (~ plastica)	халта	[xalta]
maço (de cigarros, etc.)	қуттӣ	[qutti:]

caixa (~ de sapatos, etc.)	қуттӣ	[qutti:]
caixote (~ de madeira)	қуттӣ	[qutti:]
cesto (m)	сабад	[sabad]

24. Materiais

material (m)	материал, масолеҳ	[material], [masoleh]
madeira (f)	дарахт	[daraxt]
de madeira	чӯбин	[ʧœbin]

| vidro (m) | шиша | [ʃiʃa] |
| de vidro | шишагӣ | [ʃiʃagi:] |

| pedra (f) | санг | [sang] |
| de pedra | сангин | [sangin] |

| plástico (m) | плассмас | [plassmas] |
| plástico (adj) | плассмасӣ | [plassmasi:] |

| borracha (f) | резин | [rezin] |
| de borracha | резинӣ | [rezini:] |

| tecido, pano (m) | матоъ | [mato'] |
| de tecido | аз матоъ | [az mato'] |

| papel (m) | қоғаз | [qoʁaz] |
| de papel | қоғазӣ | [qoʁazi:] |

| papelão (m) | картон | [karton] |
| de papelão | картони, ... и картон | [kartoni], [i karton] |

polietileno (m)	полуэтилен	[poluɛtilen]
celofane (m)	селлофан	[sellofan]
linóleo (m)	линолеум	[linoleum]

madeira (f) compensada	фанер	[faner]
porcelana (f)	фахфур	[faχfur]
de porcelana	фахфурӣ	[faχfuri:]
argila (f), barro (m)	гил	[gil]
de barro	гилӣ, сафолӣ	[gili:], [safoli:]
cerâmica (f)	сафолот	[safolot]
de cerâmica	сафолӣ, … и сафол	[safoli:], [i safol]

25. Metais

metal (m)	металл, фулуз	[metall], [fuluz]
metálico (adj)	металлӣ, … и металл	[metalli:], [i metall]
liga (f)	хӯла	[χœla]

ouro (m)	зар, тилло	[zar], [tillo]
de ouro	… и тилло	[i tillo]
prata (f)	нуқра	[nuqra]
de prata	нуқрагин	[nuqragin]

ferro (m)	оҳан	[ohan]
de ferro	оҳанин, … и оҳан	[ohanin], [i ohan]
aço (m)	пӯлод	[pœlod]
de aço (adj)	пӯлодин	[pœlodin]
cobre (m)	мис	[mis]
de cobre	мисин	[misin]

alumínio (m)	алюминий	[aljuminij]
de alumínio	алюминӣ	[aljumini:]
bronze (m)	биринҷӣ, хӯла	[birindʒi:], [χœla]
de bronze	биринҷӣ, хӯлагӣ	[birindʒi:], [χœlagi:]

latão (m)	латун, биринҷӣ	[latun], [birindʒi:]
níquel (m)	никел	[nikel]
platina (f)	платина	[platina]
mercúrio (m)	симоб	[simob]
estanho (m)	қалъагӣ	[qal'agi:]
chumbo (m)	сурб	[surb]
zinco (m)	руҳ	[ruh]

O SER HUMANO

O ser humano. O corpo

26. Humanos. Conceitos básicos

ser (m) humano	одам, инсон	[odam], [inson]
homem (m)	мард	[mard]
mulher (f)	зан, занак	[zan], [zanak]
criança (f)	кӯдак	[kœdak]
menina (f)	духтарча, духтарак	[duxtartʃa], [duxtarak]
menino (m)	писарбача	[pisarbatʃa]
adolescente (m)	наврас	[navras]
velho (m)	пир	[pir]
velha (f)	пиразан	[pirazan]

27. Anatomia humana

organismo (m)	организм	[organizm]
coração (m)	дил	[dil]
sangue (m)	хун	[xun]
artéria (f)	раг	[rag]
veia (f)	раги варид	[ragi varid]
cérebro (m)	мағз	[maʁz]
nervo (m)	асаб	[asab]
nervos (m pl)	асабхо	[asabxo]
vértebra (f)	мӯхра	[mœhra]
coluna (f) vertebral	сутунмӯхра	[sutunmœhra]
estômago (m)	меъда	[me'da]
intestinos (m pl)	рӯдахо	[rœdaho]
intestino (m)	рӯда	[rœda]
fígado (m)	чигар	[dʒigar]
rim (m)	гурда	[gurda]
osso (m)	устухон	[ustuxon]
esqueleto (m)	устухонбандӣ	[ustuxonbandi:]
costela (f)	кабурға	[kaburʁa]
crânio (m)	косаи сар	[kosai sar]
músculo (m)	мушак	[muʃak]
bíceps (m)	битсепс	[bitseps]
tríceps (m)	тритсепс	[tritseps]
tendão (m)	пай	[paj]
articulação (f)	банду буғум	[bandu buʁum]

pulmões (m pl)	шуш	[ʃuʃ]
órgãos (m pl) genitais	узвҳои таносул	[uzvhoi tanosul]
pele (f)	пӯст	[pœst]

28. Cabeça

cabeça (f)	сар	[sar]
rosto, cara (f)	рӯй	[rœj]
nariz (m)	бинӣ	[bini:]
boca (f)	даҳон	[dahon]
olho (m)	чашм, дида	[ʧaʃm], [dida]
olhos (m pl)	чашмон	[ʧaʃmon]
pupila (f)	гавҳараки чашм	[gavharaki ʧaʃm]
sobrancelha (f)	абрӯ, қош	[abrœ], [qoʃ]
cílio (f)	мижа	[miʒa]
pálpebra (f)	пилкҳои чашм	[pilkhoi ʧaʃm]
língua (f)	забон	[zabon]
dente (m)	дандон	[dandon]
lábios (m pl)	лабҳо	[labho]
maçãs (f pl) do rosto	устухони рухсора	[ustuxoni ruxsora]
gengiva (f)	зираи дандон	[zirai dandon]
palato (m)	ком	[kom]
narinas (f pl)	сурохии бинӣ	[suroxi:i bini:]
queixo (m)	манаҳ	[manah]
mandíbula (f)	ҷоғ	[ʤoʁ]
bochecha (f)	рухсор	[ruxsor]
testa (f)	пешона	[peʃona]
têmpora (f)	чакка	[ʧakka]
orelha (f)	гӯш	[gœʃ]
costas (f pl) da cabeça	пушти сар	[puʃti sar]
pescoço (m)	гардан	[gardan]
garganta (f)	гулӯ	[gulœ]
cabelo (m)	мӯйи сар	[mœji sar]
penteado (m)	ороиши мӯйсар	[oroiʃi mœjsar]
corte (m) de cabelo	ороиши мӯйсар	[oroiʃi mœjsar]
peruca (f)	мӯи ориятӣ	[mœi orijati:]
bigode (m)	муйлаб, бурут	[mujlab], [burut]
barba (f)	риш	[riʃ]
ter (~ barba, etc.)	мондан, доштан	[mondan], [doʃtan]
trança (f)	кокул	[kokul]
suíças (f pl)	риши бари рӯй	[riʃi bari rœj]
ruivo (adj)	сурхмуй	[surxmuj]
grisalho (adj)	сафед	[safed]
careca (adj)	одамсар	[odamsar]
calva (f)	тосии сар	[tosi:i sar]
rabo-de-cavalo (m)	думча	[dumʧa]
franja (f)	пича	[piʧa]

29. Corpo humano

mão (f)	панҷаи даст	[pandʒai dast]
braço (m)	даст	[dast]
dedo (m)	ангушт	[anguʃt]
dedo (m) do pé	чилик, ангушт	[tʃilik], [anguʃt]
polegar (m)	нарангушт	[naranguʃt]
dedo (m) mindinho	ангушти хурд	[anguʃti χurd]
unha (f)	нохун	[noχun]
punho (m)	кулак, мушт	[kulak], [muʃt]
palma (f)	каф	[kaf]
pulso (m)	банди даст	[bandi dast]
antebraço (m)	бозу	[bozu]
cotovelo (m)	оринҷ	[orindʒ]
ombro (m)	китф	[kitf]
perna (f)	по	[po]
pé (m)	панҷаи пой	[pandʒai poj]
joelho (m)	зону	[zonu]
panturrilha (f)	соқи по	[soqi po]
quadril (m)	миён	[mijɔn]
calcanhar (m)	пошна	[poʃna]
corpo (m)	бадан	[badan]
barriga (f), ventre (m)	шикам	[ʃikam]
peito (m)	сина	[sina]
seio (m)	сина, пистон	[sina], [piston]
lado (m)	паҳлу	[pahlu]
costas (dorso)	пушт	[puʃt]
região (f) lombar	камаргоҳ	[kamargoh]
cintura (f)	миён	[mijɔn]
umbigo (m)	ноф	[nof]
nádegas (f pl)	сурин	[surin]
traseiro (m)	сурин	[surin]
sinal (m), pinta (f)	хол	[χol]
sinal (m) de nascença	хол	[χol]
tatuagem (f)	вашм	[vaʃm]
cicatriz (f)	доғи захм	[doʁi zaχm]

Vestuário & Acessórios

30. Roupa exterior. Casacos

roupa (f)	либос	[libos]
roupa (f) exterior	либоси боло	[libosi bolo]
roupa (f) de inverno	либоси зимистонй	[libosi zimistoni:]
sobretudo (m)	палто	[palto]
casaco (m) de pele	пӯстин	[pœstin]
jaqueta (f) de pele	нимпӯстин	[nimpœstin]
casaco (m) acolchoado	пуховик	[puχovik]
casaco (m), jaqueta (f)	куртка	[kurtka]
impermeável (m)	боронй	[boroni:]
a prova d'água	обногузар	[obnoguzar]

31. Vestuário de homem & mulher

camisa (f)	курта	[kurta]
calça (f)	шим, шалвор	[ʃim], [ʃalvor]
jeans (m)	шими чинс	[ʃimi dʒins]
paletó, terno (m)	пичак	[pidʒak]
terno (m)	костюм	[kostjum]
vestido (ex. ~ de noiva)	куртаи заннона	[kurtai zannona]
saia (f)	юбка	[jubka]
blusa (f)	блузка	[bluzka]
casaco (m) de malha	кофтаи бофта	[koftai bofta]
casaco, blazer (m)	жакет	[ʒaket]
camiseta (f)	футболка	[futbolka]
short (m)	шортик	[ʃortik]
training (m)	либоси варзишй	[libosi varziʃi:]
roupão (m) de banho	халат	[χalat]
pijama (m)	пижама	[piʒama]
suéter (m)	свитер	[sviter]
pulôver (m)	пуловер	[pulover]
colete (m)	камзӯл	[kamzœl]
fraque (m)	фрак	[frak]
smoking (m)	смокинг	[smoking]
uniforme (m)	либоси расмй	[libosi rasmi:]
roupa (f) de trabalho	либоси корй	[libosi kori:]
macacão (m)	комбинезон	[kombinezon]
jaleco (m), bata (f)	халат	[χalat]

32. Vestuário. Roupa interior

roupa (f) íntima	либоси таг	[libosi tag]
cueca boxer (f)	турсуки мардона	[tursuki mardona]
calcinha (f)	турсуки занона	[tursuki zanona]
camiseta (f)	майка	[majka]
meias (f pl)	пайпоқ	[pajpoq]
camisola (f)	куртаи хоб	[kurtai χob]
sutiã (m)	синабанд	[sinaband]
meias longas (f pl)	чуроби кутоҳ	[dʒurobi kutoh]
meias-calças (f pl)	колготка	[kolgotka]
meias (~ de nylon)	чуроби дароз	[tʃurobi daroz]
maiô (m)	либоси оббозӣ	[libosi obbozi:]

33. Adereços de cabeça

chapéu (m), touca (f)	кулоҳ, телпак	[kuloh], [telpak]
chapéu (m) de feltro	шляпаи моҳутӣ	[ʃljapai mohuti:]
boné (m) de beisebol	бейсболка	[bejsbolka]
boina (~ italiana)	кепка	[kepka]
boina (ex. ~ basca)	берет	[beret]
capuz (m)	либоси кулоҳдор	[libosi kulohdor]
chapéu panamá (m)	панамка	[panamka]
touca (f)	шапкаи бофтагӣ	[ʃapkai boftagi:]
lenço (m)	рӯймол	[rœjmol]
chapéu (m) feminino	кулоҳча	[kulohtʃa]
capacete (m) de proteção	тоскулоҳ	[toskuloh]
bibico (m)	пилотка	[pilotka]
capacete (m)	хӯд	[χœd]
chapéu-coco (m)	дегчакулох	[degtʃakuloχ]
cartola (f)	силиндр	[silindr]

34. Calçado

calçado (m)	пойафзол	[pojafzol]
botinas (f pl), sapatos (m pl)	патинка	[patinka]
sapatos (de salto alto, etc.)	кафш, туфли	[kafʃ], [tufli]
botas (f pl)	мӯза	[mœza]
pantufas (f pl)	шиппак	[ʃippak]
tênis (~ Nike, etc.)	крассовка	[krassovka]
tênis (~ Converse)	кетӣ	[keti:]
sandálias (f pl)	сандал	[sandal]
sapateiro (m)	мӯзадӯз	[mœzadœz]
salto (m)	пошна	[poʃna]

par (m)	чуфт	[dʒuft]
cadarço (m)	бандак	[bandak]
amarrar os cadarços	бандак гузарондан	[bandak guzarondan]
calçadeira (f)	кафчаи кафшпӯшй	[kaftʃai kafʃpœʃi:]
graxa (f) para calçado	креми пойафзол	[kremi pojafzol]

35. Têxtil. Tecidos

algodão (m)	пахта	[paχta]
de algodão	пахтагин	[paχtagin]
linho (m)	катон	[katon]
de linho	аз загирпоя	[az zaʁirpoja]

seda (f)	абрешим	[abreʃim]
de seda	абрешимин	[abreʃimin]
lã (f)	пашм	[paʃm]
de lã	пашмин	[paʃmin]

veludo (m)	бахмал, махмал	[baχmal], [maχmal]
camurça (f)	замша, чир	[zamʃa], [dʒir]
veludo (m) cotelê	пилтабахмал	[piltabaχmal]

nylon (m)	нейлон	[nejlon]
de nylon	аз нейлон	[az nejlon]
poliéster (m)	полиэстер	[poliɛster]
de poliéster	полуэстерй	[poluɛsteri:]

couro (m)	чарм	[tʃarm]
de couro	чармин	[tʃarmin]
pele (f)	мӯина, пӯст	[mœina], [pœst]
de pele	мӯинагй	[mœinagi:]

36. Acessórios pessoais

luva (f)	дастпӯшак	[dastpœʃak]
mitenes (f pl)	дастпӯшаки бепанча	[dastpœʃaki bepandʒa]
cachecol (m)	гарданпеч	[gardanpetʃ]

óculos (m pl)	айнак	[ajnak]
armação (f)	чанбарак	[tʃanbarak]
guarda-chuva (m)	сойбон, чатр	[sojabon], [tʃatr]
bengala (f)	чӯб	[tʃœb]
escova (f) para o cabelo	чӯткаи мӯйсар	[tʃœtkai mœjsar]
leque (m)	бодбезак	[bodbezak]

gravata (f)	галстук	[galstuk]
gravata-borboleta (f)	галстук-шапарак	[galstuk-ʃaparak]
suspensórios (m pl)	шалворбанди китфй	[ʃalvorbandi kitfi:]
lenço (m)	дастрӯймол	[dastrœjmol]

| pente (m) | шона | [ʃona] |
| fivela (f) para cabelo | сарсӯзан, бандак | [sarsœzan], [bandak] |

grampo (m)	санчак	[sandʒak]
fivela (f)	сагаки тасма	[sagaki tasma]

cinto (m)	тасма	[tasma]
alça (f) de ombro	тасма	[tasma]

bolsa (f)	сумка	[sumka]
bolsa (feminina)	сумка	[sumka]
mochila (f)	борхалта	[borχalta]

37. Vestuário. Diversos

moda (f)	мод	[mod]
na moda (adj)	модшуда	[modʃuda]
estilista (m)	тархсоз	[tarhsoz]

colarinho (m)	гиребон, ёқа	[girebon], [jɔqa]
bolso (m)	киса	[kisa]
de bolso	… и киса	[i kisa]
manga (f)	остин	[ostin]
ganchinho (m)	банди либос	[bandi libos]
bragueta (f)	чоки пеши шим	[tʃoki peʃi ʃim]

zíper (m)	занчирак	[zandʒirak]
colchete (m)	гирехбанд	[girehband]
botão (m)	тугма	[tugma]
botoeira (casa de botão)	банди тугма	[bandi tugma]
soltar-se (vr)	канда шудан	[kanda ʃudan]

costurar (vi)	дӯхтан	[dœχtan]
bordar (vt)	гулдӯзӣ кардан	[guldœzi: kardan]
bordado (m)	гулдӯзӣ	[guldœzi:]
agulha (f)	сӯзани чокдӯзи	[sœzani tʃokdœzi]
fio, linha (f)	ресмон	[resmon]
costura (f)	чок	[tʃok]

sujar-se (vr)	олуда шудан	[oluda ʃudan]
mancha (f)	доғ, лакка	[doʁ], [lakka]
amarrotar-se (vr)	ғичим шудан	[ʁidʒim ʃudan]
rasgar (vt)	даррондан	[darrondan]
traça (f)	куя	[kuja]

38. Cuidados pessoais. Cosméticos

pasta (f) de dente	хамираи дандон	[χamirai dandon]
escova (f) de dente	чӯткаи дандоншӯй	[tʃœtkai dandonʃœi:]
escovar os dentes	дандон шустан	[dandon ʃustan]

gilete (f)	ришгирак	[riʃgirak]
creme (m) de barbear	креми ришгирӣ	[kremi riʃgiri:]
barbear-se (vr)	риш гирифтан	[riʃ giriftan]
sabonete (m)	собун	[sobun]

xampu (m)	шампун	[ʃampun]
tesoura (f)	кайчи	[kajtʃi:]
lixa (f) de unhas	тарошаи нохунхо	[taroʃai noχunho]
corta-unhas (m)	анбӯрча барои нохунхо	[anbœrtʃa baroi noχunho]
pinça (f)	мӯйчинак	[mœjtʃinak]

cosméticos (m pl)	косметика	[kosmetika]
máscara (f)	никоби косметики	[niqobi kosmetiki:]
manicure (f)	нохунорой	[noχunoroi:]
fazer as unhas	нохун оростан	[noχun orostan]
pedicure (f)	ороиши нохунхои пой	[oroiʃi noχunhoi poj]

bolsa (f) de maquiagem	косметичка	[kosmetitʃka]
pó (de arroz)	сафеда	[safeda]
pó (m) compacto	куттии упо	[qutti:i upo]
blush (m)	сурхи	[surχi:]

água-de-colônia (f)	атр	[atr]
loção (f)	оби мушкин	[obi muʃkin]
colônia (f)	атр	[atr]

sombra (f) de olhos	тен барои пилкхои чашм	[ten baroi pilkhoi tʃaʃm]
delineador (m)	қалами чашм	[qalami tʃaʃm]
máscara (f), rímel (m)	туш барои мижахо	[tuʃ baroi miʒaho]

batom (m)	лабсурхкунак	[labsurχkunak]
esmalte (m)	лаки нохун	[laki noχun]
laquê (m), spray fixador (m)	лаки мӯйсар	[laki mœjsar]
desodorante (m)	дезодорант	[dezodorant]

creme (m)	крем, равгани рӯй	[krem], [ravʁani rœj]
creme (m) de rosto	креми рӯй	[kremi rœj]
creme (m) de mãos	креми даст	[kremi dast]
creme (m) antirrugas	креми зиддиожанг	[kremi ziddioʒang]
creme (m) de dia	креми рӯзона	[kremi rœzona]
creme (m) de noite	креми шабона	[kremi ʃabona]
de dia	рӯзона, ~и рӯз	[rœzona], [~i rœz]
da noite	шабона, ... и шаб	[ʃabona], [i ʃab]

absorvente (m) interno	тампон	[tampon]
papel (m) higiênico	когази хочатхона	[koʁazi χodʒatχona]
secador (m) de cabelo	мӯхушккунак	[mœχuʃkkunak]

39. Joalheria

joias (f pl)	чавохирот	[dʒavohirot]
precioso (adj)	киматбахо	[qimatbaho]
marca (f) de contraste	иёр	[ijɔr]

anel (m)	ангуштарин	[anguʃtarin]
aliança (f)	ангуштарини никох	[anguʃtarini nikoh]
pulseira (f)	дастпона	[dastpona]
brincos (m pl)	гӯшвора	[gœʃvora]
colar (m)	гарданбанд	[gardanband]

coroa (f)	точ	[toʤ]
colar (m) de contas	шадда	[ʃadda]

diamante (m)	бриллиант	[brilliant]
esmeralda (f)	зумуррад	[zumurrad]
rubi (m)	лаъл	[la'l]
safira (f)	ёқути кабуд	[jɔquti kabud]
pérola (f)	марворид	[marvorid]
âmbar (m)	каҳрабо	[kahrabo]

40. Relógios de pulso. Relógios

relógio (m) de pulso	соати дастӣ	[soati dasti:]
mostrador (m)	лавҳаи соат	[lavhai soat]
ponteiro (m)	акрабак	[akrabak]
bracelete (em aço)	дастпона	[dastpona]
bracelete (em couro)	банди соат	[bandi soat]

pilha (f)	батареяча, батарейка	[batarejatʃa], [batarejka]
acabar (vi)	холӣ шудааст	[χoli: ʃudaast]
trocar a pilha	иваз кардани батаре	[ivaz kardani batare]
estar adiantado	пеш меравад	[peʃ meravad]
estar atrasado	ақиб мондан	[aqib mondan]

relógio (m) de parede	соати деворӣ	[soati devori:]
ampulheta (f)	соати регӣ	[soati regi:]
relógio (m) de sol	соати офтобӣ	[soati oftobi:]
despertador (m)	соати рӯимизии зангдор	[soati rœimizi:i zangdor]
relojoeiro (m)	соатсоз	[soatsoz]
reparar (vt)	таъмир кардан	[ta'mir kardan]

Alimentação. Nutrição

41. Comida

carne (f)	гӯшт	[gœʃt]
galinha (f)	мурғ	[murʁ]
frango (m)	чӯча	[tʃœdʒa]
pato (m)	мурғобӣ	[murʁobi:]
ganso (m)	қоз, ғоз	[qoz], [ʁoz]
caça (f)	сайди шикор	[sajdi ʃikor]
peru (m)	мурғи марчон	[murʁi mardʒon]

carne (f) de porco	гӯшти хук	[gœʃti χuk]
carne (f) de vitela	гӯшти гӯсола	[gœʃti gœsola]
carne (f) de carneiro	гӯшти гӯсфанд	[gœʃti gœsfand]
carne (f) de vaca	гӯшти гов	[gœʃti gov]
carne (f) de coelho	харгӯш	[χargœʃ]

linguiça (f), salsichão (m)	ҳасиб	[hasib]
salsicha (f)	ҳасибча	[hasibtʃa]
bacon (m)	бекон	[bekon]
presunto (m)	ветчина	[vettʃina]
pernil (m) de porco	рон	[ron]

patê (m)	паштет	[paʃtet]
fígado (m)	чигар	[dʒigar]
guisado (m)	гӯшти кӯфта	[gœʃti kœfta]
língua (f)	забон	[zabon]

ovo (m)	тухм	[tuχm]
ovos (m pl)	тухм	[tuχm]
clara (f) de ovo	сафедии тухм	[safedi:i tuχm]
gema (f) de ovo	зардии тухм	[zardi:i tuχm]

peixe (m)	моҳӣ	[mohi:]
mariscos (m pl)	маҳсулоти баҳрӣ	[mahsuloti bahri:]
crustáceos (m pl)	буғумпойхо	[buʁumpojho]
caviar (m)	тухми моҳӣ	[tuχmi mohi:]

caranguejo (m)	харчанг	[χartʃang]
camarão (m)	креветка	[krevetka]
ostra (f)	садафак	[sadafak]
lagosta (f)	лангуст	[langust]
polvo (m)	ҳаштпо	[haʃtpo]
lula (f)	калмар	[kalmar]

esturjão (m)	гӯшти тосмоҳӣ	[gœʃti tosmohi:]
salmão (m)	озодмоҳӣ	[ozodmohi:]
halibute (m)	палтус	[paltus]
bacalhau (m)	равғанмоҳӣ	[ravʁanmohi:]

cavala, sarda (f)	зағӯтамоҳӣ	[zaʁœtamohi:]
atum (m)	самак	[samak]
enguia (f)	мормоҳӣ	[mormohi:]
truta (f)	гулмоҳӣ	[gulmohi:]
sardinha (f)	саморис	[samoris]
lúcio (m)	шӯртан	[ʃœrtan]
arenque (m)	шӯрмоҳӣ	[ʃœrmohi:]
pão (m)	нон	[non]
queijo (m)	панир	[panir]
açúcar (m)	шакар	[ʃakar]
sal (m)	намак	[namak]
arroz (m)	биринҷ	[birindʒ]
massas (f pl)	макарон	[makaron]
talharim, miojo (m)	угро	[ugro]
manteiga (f)	равғани маска	[ravʁani maska]
óleo (m) vegetal	равғани пок	[ravʁani pok]
óleo (m) de girassol	равғани офтобпараст	[ravʁani oftobparast]
margarina (f)	маргарин	[margarin]
azeitonas (f pl)	зайтун	[zajtun]
azeite (m)	равғани зайтун	[ravʁani zajtun]
leite (m)	шир	[ʃir]
leite (m) condensado	ширқиём	[ʃirqijɔm]
iogurte (m)	йогурт	[jogurt]
creme (m) azedo	қаймок	[qajmok]
creme (m) de leite	қаймоқ	[qajmoq]
maionese (f)	майонез	[majɔnez]
creme (m)	крем	[krem]
grãos (m pl) de cereais	ярма	[jarma]
farinha (f)	орд	[ord]
enlatados (m pl)	консерв	[konserv]
flocos (m pl) de milho	бадроқи чуворимакка	[badroqi dʒuvorimakka]
mel (m)	асал	[asal]
geleia (m)	чем	[dʒem]
chiclete (m)	сақич, илқ	[saqiʧ], [ilq]

42. Bebidas

água (f)	об	[ob]
água (f) potável	оби нӯшиданӣ	[obi nœʃidani:]
água (f) mineral	оби минералӣ	[obi minerali:]
sem gás (adj)	бе газ	[be gaz]
gaseificada (adj)	газнок	[gaznok]
com gás	газдор	[gazdor]
gelo (m)	ях	[jaχ]

com gelo	бо ях, яхдор	[bo jaχ], [jaχdor]
não alcoólico (adj)	беалкогол	[bealkogol]
refrigerante (m)	нӯшокии беалкогол	[nœʃoki:i bealkogol]
refresco (m)	нӯшокии хунук	[nœʃoki:i χunuk]
limonada (f)	лимонад	[limonad]
bebidas (f pl) alcoólicas	нӯшокиҳои спиртӣ	[nœʃokihoi spirti:]
vinho (m)	шароб, май	[ʃarob], [maj]
vinho (m) branco	маи ангури сафед	[mai anguri safed]
vinho (m) tinto	маи арғувонӣ	[mai arɓuvoni:]
licor (m)	ликёр	[likjɔr]
champanhe (m)	шампан	[ʃampan]
vermute (m)	вермут	[vermut]
uísque (m)	виски	[viski]
vodca (f)	араҡ, водка	[araq], [vodka]
gim (m)	ҷин	[dʒin]
conhaque (m)	коняк	[konjak]
rum (m)	ром	[rom]
café (m)	қаҳва	[qahva]
café (m) preto	қаҳваи сиёҳ	[qahvai sijɔh]
café (m) com leite	ширқаҳва	[ʃirqahva]
cappuccino (m)	капучино	[kaputʃino]
café (m) solúvel	қаҳваи кӯфта	[qahvai kœfta]
leite (m)	шир	[ʃir]
coquetel (m)	коктейл	[koktejl]
batida (f), milkshake (m)	коктейли ширӣ	[koktejli ʃiri:]
suco (m)	шарбат	[ʃarbat]
suco (m) de tomate	шираи помидор	[ʃirai pomidor]
suco (m) de laranja	афшураи афлесун	[afʃurai aflesun]
suco (m) fresco	афшураи тоза тайёршуда	[afʃurai toza tajjɔrʃuda]
cerveja (f)	пиво	[pivo]
cerveja (f) clara	оби ҷави шафоф	[obi dʒavi ʃafoʃ]
cerveja (f) preta	оби ҷави торик	[obi dʒavi torik]
chá (m)	чой	[tʃoj]
chá (m) preto	чойи сиёҳ	[tʃoji sijɔh]
chá (m) verde	чои кабуд	[tʃoi kabud]

43. Vegetais

vegetais (m pl)	сабзавот	[sabzavot]
verdura (f)	сабзавот	[sabzavot]
tomate (m)	помидор	[pomidor]
pepino (m)	бодиринг	[bodiring]
cenoura (f)	сабзӣ	[sabzi:]
batata (f)	картошка	[kartoʃka]
cebola (f)	пиёз	[pijɔz]

alho (m)	сир	[sir]
couve (f)	карам	[karam]
couve-flor (f)	гулкарам	[gulkaram]
couve-de-bruxelas (f)	карами брусселй	[karami brusseli:]
brócolis (m pl)	карами брокколй	[karami brokkoli:]
beterraba (f)	лаблабу	[lablabu]
berinjela (f)	бодинчон	[bodindʒon]
abobrinha (f)	таррак	[tarrak]
abóbora (f)	каду	[kadu]
nabo (m)	шалғам	[ʃalʁam]
salsa (f)	чаъфарй	[dʒa'fari:]
endro, aneto (m)	шибит	[ʃibit]
alface (f)	коху	[kohu]
aipo (m)	карафс	[karafs]
aspargo (m)	морчӯба	[morʧœba]
espinafre (m)	испаноқ	[ispanoq]
ervilha (f)	нахӯд	[naχœd]
feijão (~ soja, etc.)	лӯбиё	[lœbijɔ]
milho (m)	чуворимакка	[dʒuvorimakka]
feijão (m) roxo	лӯбиё	[lœbijɔ]
pimentão (m)	қаламфур	[qalamfur]
rabanete (m)	шалғамча	[ʃalʁamʧa]
alcachofra (f)	анганор	[anganor]

44. Frutos. Nozes

fruta (f)	мева	[meva]
maçã (f)	себ	[seb]
pera (f)	мурӯд, нок	[murœd], [nok]
limão (m)	лиму	[limu]
laranja (f)	афлесун, пӯртахол	[aflesun], [pœrtaχol]
morango (m)	қулфинай	[qulfinaj]
tangerina (f)	норанг	[norang]
ameixa (f)	олу	[olu]
pêssego (m)	шафтолу	[ʃaftolu]
damasco (m)	дарахти зардолу	[daraχti zardolu]
framboesa (f)	тамашк	[tamaʃk]
abacaxi (m)	ананас	[ananas]
banana (f)	банан	[banan]
melancia (f)	тарбуз	[tarbuz]
uva (f)	ангур	[angur]
ginja (f)	олуболу	[olubolu]
cereja (f)	гелос	[gelos]
toranja (f)	норинч	[norindʒ]
abacate (m)	авокадо	[avokado]
mamão (m)	папайя	[papajja]
manga (f)	анбаҳ	[anbah]

romã (f)	анор	[anor]
groselha (f) vermelha	коти сурх	[koti surχ]
groselha (f) negra	қоти сиёҳ	[qoti sijoh]
groselha (f) espinhosa	бектошй	[bektoʃi:]
mirtilo (m)	черника	[ʧernika]
amora (f) silvestre	марминчон	[marmindʒon]
passa (f)	мавиз	[maviz]
figo (m)	анчир	[andʒir]
tâmara (f)	хурмо	[χurmo]
amendoim (m)	финдуки заминй	[finduki zamini:]
amêndoa (f)	бодом	[bodom]
noz (f)	чормағз	[ʧormaʁz]
avelã (f)	финдиқ	[findiq]
coco (m)	норгил	[norgil]
pistaches (m pl)	писта	[pista]

45. Pão. Bolaria

pastelaria (f)	маҳсулоти қанноди	[mahsuloti qannodi]
pão (m)	нон	[non]
biscoito (m), bolacha (f)	кулчақанд	[kulʧaqand]
chocolate (m)	шоколад	[ʃokolad]
de chocolate	… и шоколад, шоколадй	[i ʃokolad], [ʃokoladi:]
bala (f)	конфет	[konfet]
doce (bolo pequeno)	пирожни	[piroʒni]
bolo (m) de aniversário	торт	[tort]
torta (f)	пирог	[pirog]
recheio (m)	пур кардани, андохтани	[pur kardani], [andoχtani]
geleia (m)	мураббо	[murabbo]
marmelada (f)	мармалод	[marmalod]
wafers (m pl)	вафлй	[vafli:]
sorvete (m)	яхмос	[jaχmos]
pudim (m)	пудинг	[puding]

46. Pratos cozinhados

prato (m)	таом	[taom]
cozinha (~ portuguesa)	таомхо	[taomho]
receita (f)	ретсепт	[retsept]
porção (f)	навола	[navola]
salada (f)	салат	[salat]
sopa (f)	шӯрбо	[ʃœrbo]
caldo (m)	булён	[buljon]
sanduíche (m)	бутерброд	[buterbrod]
ovos (m pl) fritos	тухмбирён	[tuχmbirjon]

hambúrguer (m)	гамбургер	[gamburger]
bife (m)	бифштекс	[bifʃteks]
acompanhamento (m)	хӯриши таом	[xœriʃi taom]
espaguete (m)	спагеттй	[spagetti:]
purê (m) de batata	пюре	[pjure]
pizza (f)	питса	[pitsa]
mingau (m)	шӯла	[ʃœla]
omelete (f)	омлет, тухмбирён	[omlet], [tuxmbirjɔn]
fervido (adj)	чӯшондашуда	[dʒœʃondaʃuda]
defumado (adj)	дудхӯрда	[dudxœrda]
frito (adj)	бирён	[birjɔn]
seco (adj)	хушк	[xuʃk]
congelado (adj)	яхкарда	[jaxkarda]
em conserva (adj)	дар сирко хобондашуда	[dar sirko xobondaʃuda]
doce (adj)	ширин	[ʃirin]
salgado (adj)	шӯр	[ʃœr]
frio (adj)	хунук	[xunuk]
quente (adj)	гарм	[garm]
amargo (adj)	талх	[talx]
gostoso (adj)	бомаза	[bomaza]
cozinhar em água fervente	пухтан, чӯшондан	[puxtan], [dʒœʃondan]
preparar (vt)	пухтан	[puxtan]
fritar (vt)	бирён кардан	[birjɔn kardan]
aquecer (vt)	гарм кардан	[garm kardan]
salgar (vt)	намак андохтан	[namak andoxtan]
apimentar (vt)	қаламфур андохтан	[qalamfur andoxtan]
ralar (vt)	тарошидан	[taroʃidan]
casca (f)	пӯст	[pœst]
descascar (vt)	пӯст кандан	[pœst kandan]

47. Especiarias

sal (m)	намак	[namak]
salgado (adj)	шӯр	[ʃœr]
salgar (vt)	намак андохтан	[namak andoxtan]
pimenta-do-reino (f)	мурчи сиёх	[murtʃi sijɔh]
pimenta (f) vermelha	мурчи сурх	[murtʃi surx]
mostarda (f)	хардал	[xardal]
raiz-forte (f)	қаҳзак	[qahzak]
condimento (m)	хӯриш	[xœriʃ]
especiaria (f)	дорувор	[doruvor]
molho (~ inglês)	қайла	[qajla]
vinagre (m)	сирко	[sirko]
anis estrelado (m)	тухми бодиён	[tuxmi bodijɔn]
manjericão (m)	нозбӯй, райхон	[nozbœj], [rajhon]
cravo (m)	қаланфури гардан	[qalanfuri gardan]

gengibre (m)	занчабил	[zandʒabil]
coentro (m)	кашнич	[kaʃnidʒ]
canela (f)	дорчин, долчин	[dortʃin], [doltʃin]

gergelim (m)	кунчид	[kundʒid]
folha (f) de louro	барги ғор	[bargi ʁor]
páprica (f)	қаламфур	[qalamfur]
cominho (m)	зира	[zira]
açafrão (m)	заъфарон	[za'faron]

48. Refeições

| comida (f) | хӯрок, таом | [χœrok], [taom] |
| comer (vt) | хӯрдан | [χœrdan] |

café (m) da manhã	ноништа	[noniʃta]
tomar café da manhã	ноништа кардан	[noniʃta kardan]
almoço (m)	хӯроки пешин	[χœroki peʃin]
almoçar (vi)	хӯроки пешин хӯрдан	[χœroki peʃin χœrdan]
jantar (m)	шом	[ʃom]
jantar (vi)	хӯроки шом хӯрдан	[χœroki ʃom χœrdan]

| apetite (m) | иштихо | [iʃtiho] |
| Bom apetite! | ош шавад! | [oʃ ʃavad] |

abrir (~ uma lata, etc.)	кушодан	[kuʃodan]
derramar (~ líquido)	резондан	[rezondan]
derramar-se (vr)	рехтан	[reχtan]

ferver (vi)	чӯшидан	[dʒœʃidan]
ferver (vt)	чӯшондан	[dʒœʃondan]
fervido (adj)	чӯшомада	[dʒœʃomada]

| esfriar (vt) | хунук кардан | [χunuk kardan] |
| esfriar-se (vr) | хунук шудан | [χunuk ʃudan] |

| sabor, gosto (m) | маза, таъм | [maza], [ta'm] |
| fim (m) de boca | таъм | [ta'm] |

emagrecer (vi)	хароб шудан	[χarob ʃudan]
dieta (f)	диета	[dieta]
vitamina (f)	витамин	[vitamin]
caloria (f)	калория	[kalorija]

| vegetariano (m) | гӯштнахӯранда | [gœʃtnaχœranda] |
| vegetariano (adj) | бегӯшт | [begœʃt] |

gorduras (f pl)	равған	[ravʁan]
proteínas (f pl)	сафедаҳо	[safedaho]
carboidratos (m pl)	карбогидратхо	[karbogidratho]

fatia (~ de limão, etc.)	тилим, порча	[tilim], [portʃa]
pedaço (~ de bolo)	порча	[portʃa]
migalha (f), farelo (m)	резгӣ	[rezgi:]

49. Por a mesa

colher (f)	қошуқ	[qoʃuq]
faca (f)	корд	[kord]
garfo (m)	чангча, чангол	[tʃangtʃa], [tʃangol]
xícara (f)	косача	[kosatʃa]
prato (m)	таксимча	[taqsimtʃa]
pires (m)	таксимй, таксимича	[taqsimi:], [taqsimitʃa]
guardanapo (m)	салфетка	[salfetka]
palito (m)	дандонковак	[dandonkovak]

50. Restaurante

restaurante (m)	тарабхона	[tarabχona]
cafeteria (f)	кахвахона	[qahvaχona]
bar (m), cervejaria (f)	бар	[bar]
salão (m) de chá	чойхона	[tʃojχona]
garçom (m)	пешхизмат	[peʃχizmat]
garçonete (f)	пешхизмат	[peʃχizmat]
barman (m)	бармен	[barmen]
cardápio (m)	меню	[menju]
lista (f) de vinhos	рӯйхати шаробхо	[rœjχati ʃarobho]
reservar uma mesa	банд кардани миз	[band kardani miz]
prato (m)	таом	[taom]
pedir (vt)	супориш додан	[suporiʃ dodan]
fazer o pedido	фармоиш додан	[farmoiʃ dodan]
aperitivo (m)	аперитив	[aperitiv]
entrada (f)	хӯриш, газак	[χœriʃ], [gazak]
sobremesa (f)	десерт	[desert]
conta (f)	хисоб	[hisob]
pagar a conta	пардохт кардан	[pardoχt kardan]
dar o troco	бакия додан	[baqija dodan]
gorjeta (f)	чойпулй	[tʃojpuli:]

Família, parentes e amigos

51. Informação pessoal. Formulários

nome (m)	ном	[nom]
sobrenome (m)	фамилия	[familija]
data (f) de nascimento	рӯзи таваллуд	[rœzi tavallud]
local (m) de nascimento	ҷойи таваллуд	[dʒoji tavallud]
nacionalidade (f)	миллият	[millijat]
lugar (m) de residência	ҷои истиқомат	[dʒoi istiqomat]
país (m)	кишвар	[kiʃvar]
profissão (f)	касб	[kasb]
sexo (m)	ҷинс	[dʒins]
estatura (f)	қад	[qad]
peso (m)	вазн	[vazn]

52. Membros da família. Parentes

mãe (f)	модар	[modar]
pai (m)	падар	[padar]
filho (m)	писар	[pisar]
filha (f)	духтар	[duxtar]
caçula (f)	духтари хурдӣ	[duxtari xurdi:]
caçula (m)	писари хурдӣ	[pisari xurdi:]
filha (f) mais velha	духтари калонӣ	[duxtari kaloni:]
filho (m) mais velho	писари калонӣ	[pisari kaloni:]
irmão (m)	бародар	[barodar]
irmão (m) mais velho	ака	[aka]
irmão (m) mais novo	додар	[dodar]
irmã (f)	хоҷар	[xohar]
irmã (f) mais velha	апа	[apa]
irmã (f) mais nova	хоҷари хурд	[xohari xurd]
primo (m)	амакписар	[amakpisar]
	(ама-, таӻо-, хола-)	([ama], [taʁo], [xola])
prima (f)	амакдухтар	[amakduxtar]
	(ама-, таӻо-, хола-)	([ama], [taʁo], [xola])
mamãe (f)	модар, оча	[modar], [otʃa]
papai (m)	дада	[dada]
pais (pl)	волидайн	[volidajn]
criança (f)	кӯдак	[kœdak]
crianças (f pl)	бачагон, кӯдакон	[batʃagon], [kœdakon]
avó (f)	модаркалон, онакалон	[modarkalon], [onakalon]

avô (m)	бобо	[bobo]
neto (m)	набера	[nabera]
neta (f)	набера	[nabera]
netos (pl)	набераҳо	[naberaho]
tio (m)	таҳо, амак	[taʁo], [amak]
tia (f)	хола, амма	[xola], [amma]
sobrinho (m)	чиян	[ʤijan]
sobrinha (f)	чиян	[ʤijan]
sogra (f)	модарарӯс	[modararœs]
sogro (m)	падаршӯй	[padarʃœj]
genro (m)	почо, язна	[potʃo], [jazna]
madrasta (f)	модарандар	[modarandar]
padrasto (m)	падарандар	[padarandar]
criança (f) de colo	бачаи ширмак	[batʃai ʃirmak]
bebê (m)	кӯдаки ширмак	[kœdaki ʃirmak]
menino (m)	писарча, кӯдак	[pisartʃa], [kœdak]
mulher (f)	зан	[zan]
marido (m)	шавҳар, шӯй	[ʃavhar], [ʃœj]
esposo (m)	завч	[zavʤ]
esposa (f)	завча	[zavʤa]
casado (adj)	зандор	[zandor]
casada (adj)	шавҳардор	[ʃavhardor]
solteiro (adj)	безан	[bezan]
solteirão (m)	безан	[bezan]
divorciado (adj)	чудошудагӣ	[ʤudoʃudagi:]
viúva (f)	бева, бевазан	[beva], [bevazan]
viúvo (m)	бева, занмурда	[beva], [zanmurda]
parente (m)	хеш	[xeʃ]
parente (m) próximo	хеши наздик	[xeʃi nazdik]
parente (m) distante	хеши дур	[xeʃi dur]
parentes (m pl)	хешу табор	[xeʃu tabor]
órfão (m)	ятимбача	[jatimbatʃa]
órfã (f)	ятимдухтар	[jatimduxtar]
tutor (m)	васӣ	[vasi:]
adotar (um filho)	писар хондан	[pisar xondan]
adotar (uma filha)	духтархонд кардан	[duxtarxond kardan]

53. Amigos. Colegas de trabalho

amigo (m)	дӯст, чӯра	[dœst], [ʤœra]
amiga (f)	дугона	[dugona]
amizade (f)	дӯстӣ, чӯрагӣ	[dœsti:], [ʤœragi:]
ser amigos	дӯстӣ кардан	[dœsti: kardan]
amigo (m)	дуст, рафик	[dust], [rafik]
amiga (f)	шинос	[ʃinos]
parceiro (m)	шарик	[ʃarik]

chefe (m)	сардор	[sardor]
superior (m)	сардор	[sardor]
proprietário (m)	соҳиб	[sohib]
subordinado (m)	зердаст	[zerdast]
colega (m, f)	ҳамкор	[hamkor]

conhecido (m)	шинос, ошно	[ʃinos], [oʃno]
companheiro (m) de viagem	ҳамроҳ	[hamroh]
colega (m) de classe	ҳамсинф	[hamsinf]

vizinho (m)	ҳамсоя	[hamsoja]
vizinha (f)	ҳамсоязан	[hamsojazan]
vizinhos (pl)	ҳамсояҳо	[hamsojaho]

54. Homem. Mulher

mulher (f)	зан, занак	[zan], [zanak]
menina (f)	ҷавондухтар	[dʒavonduχtar]
noiva (f)	арӯс	[arœs]

bonita, bela (adj)	зебо	[zebo]
alta (adj)	зани қадбаланд	[zani qadbaland]
esbelta (adj)	мавзун	[mavzun]
baixa (adj)	начандон баланд	[natʃandon baland]

| loira (f) | духтари малламӯй | [duχtari mallamœj] |
| morena (f) | зани сиёҳмӯй | [zani sijɔhmœj] |

de senhora	занона	[zanona]
virgem (f)	бокира, афифа	[bokira], [afifa]
grávida (adj)	ҳомила	[homila]
homem (m)	мард	[mard]
loiro (m)	марди малламӯй	[mardi mallamœj]
moreno (m)	марди сиёҳмӯй	[mardi sijɔhmœj]
alto (adj)	қадбаланд	[qadbaland]
baixo (adj)	начандон баланд	[natʃandon baland]

rude (adj)	дағал	[daʁal]
atarracado (adj)	ғалча	[ʁaltʃa]
robusto (adj)	боқувват	[boquvvat]
forte (adj)	зӯр	[zœr]
força (f)	зӯр, қувва	[zœr], [quvva]

gordo (adj)	фарбеҳ, пурра	[farbeh], [purra]
moreno (adj)	сабзина	[sabzina]
esbelto (adj)	мавзун	[mavzun]
elegante (adj)	босалиқа	[bosaliqa]

55. Idade

| idade (f) | син | [sin] |
| juventude (f) | ҷавонӣ | [dʒavoni:] |

jovem (adj)	чавон	[dʒavon]
mais novo (adj)	хурд, хурдй	[χurd], [χurdi:]
mais velho (adj)	калон	[kalon]
jovem (m)	чавон	[dʒavon]
adolescente (m)	наврас	[navras]
rapaz (m)	чавон	[dʒavon]
velho (m)	пир	[pir]
velha (f)	пиразан	[pirazan]
adulto	калонсол	[kalonsol]
de meia-idade	солдида	[soldida]
idoso, de idade (adj)	пир, солхӯрда	[pir], [solχœrda]
velho (adj)	пир	[pir]
aposentadoria (f)	нафақа	[nafaqa]
aposentar-se (vr)	ба нафақа баромадан	[ba nafaqa baromadan]
aposentado (m)	нафақахӯр	[nafaqaχœr]

56. Crianças

criança (f)	кӯдак	[kœdak]
crianças (f pl)	бачагон, кӯдакон	[batʃagon], [kœdakon]
gêmeos (m pl), gêmeas (f pl)	дугоник	[dugonik]
berço (m)	гахвора	[gahvora]
chocalho (m)	шақилдоқ	[ʃaqildoq]
fralda (f)	уребча	[urebtʃa]
chupeta (f), bico (m)	чочак	[tʃotʃak]
carrinho (m) de bebê	аробачаи бачагона	[arobatʃai batʃagona]
jardim (m) de infância	боғчаи бачагон	[boʁtʃai batʃagon]
babysitter, babá (f)	бачабардор	[batʃabardor]
infância (f)	бачагӣ, кӯдакӣ	[batʃagi:], [kœdaki:]
boneca (f)	лӯхтак	[lœχtak]
brinquedo (m)	бозича	[bozitʃa]
jogo (m) de montar	конструктор	[konstruktor]
bem-educado (adj)	тарбиядида	[tarbijadida]
malcriado (adj)	беодоб	[beodob]
mimado (adj)	эрка	[ɛrka]
ser travesso	шӯхӣ кардан	[ʃœχi: kardan]
travesso, traquinas (adj)	шӯх	[ʃœχ]
travessura (f)	шӯхӣ	[ʃœχi:]
criança (f) travessa	шӯх	[ʃœχ]
obediente (adj)	халим	[halim]
desobediente (adj)	саркаш	[sarkaʃ]
dócil (adj)	халим	[halim]
inteligente (adj)	оқил	[oqil]
prodígio (m)	вундеркинд	[vunderkind]

57. Casais. Vida de família

beijar (vt)	бӯсидан	[bœsidan]
beijar-se (vr)	бӯсобӯсй кардан	[bœsobœsi: kardan]
família (f)	оила	[oila]
familiar (vida ~)	оилавй	[oilavi:]
casal (m)	чуфт, зану шавҳар	[dʒuft], [zanu ʃavhar]
matrimônio (m)	никоҳ	[nikoh]
lar (m)	хонавода	[χonavoda]
dinastia (f)	сулола	[sulola]

encontro (m)	воҳӯрй	[voχœri:]
beijo (m)	бӯса	[bœsa]

amor (m)	муҳаббат, ишқ	[muhabbat], [iʃq]
amar (pessoa)	дӯст доштан	[dœst doʃtan]
amado, querido (adj)	азиз, маҳбуб	[aziz], [mahbub]

ternura (f)	меҳрубонй	[mehruboni:]
afetuoso (adj)	меҳрубон	[mehrubon]
fidelidade (f)	вафодорй	[vafodori:]
fiel (adj)	вафодор	[vafodor]
cuidado (m)	ғамхорй	[ʁamχori:]
carinhoso (adj)	ғамхор	[ʁamχor]

recém-casados (pl)	навхонадор	[navχonador]
lua (f) de mel	моҳи асал	[mohi asal]
casar-se (com um homem)	шавҳар кардан	[ʃavhar kardan]
casar-se (com uma mulher)	зан гирифтан	[zan giriftan]

casamento (m)	тӯй, тӯйи арӯсй	[tœj], [tœji arœsi:]
bodas (f pl) de ouro	панчоҳсолагии тӯйи арӯсй	[pandʒohsolagi:i tœji arœsi:]
aniversário (m)	солгард, солагй	[solgard], [solagi:]

amante (m)	ошиқ	[oʃiq]
amante (f)	маъшуқа	[ma'ʃuqa]

adultério (m), traição (f)	бевафой	[bevafoi:]
cometer adultério	бевафой кардан	[bevafoi: kardan]
ciumento (adj)	бадрашк	[badraʃk]
ser ciumento, -a	рашк кардан	[raʃk kardan]
divórcio (m)	талоқ	[taloq]
divorciar-se (vr)	талоқ гирифтан	[taloq giriftan]

brigar (discutir)	чанчол кардан	[dʒandʒol kardan]
fazer as pazes	оштй шудан	[oʃti: ʃudan]

juntos (ir ~)	дар як чо	[dar jak dʒo]
sexo (m)	шаҳват	[ʃahvat]

felicidade (f)	бахт	[baχt]
feliz (adj)	хушбахт	[χuʃbaχt]
infelicidade (f)	бадбахтй	[badbaχti:]
infeliz (adj)	бадбахт	[badbaχt]

Caráter. Sentimentos. Emoções

58. Sentimentos. Emoções

sentimento (m)	хис	[his]
sentimentos (m pl)	хиссиёт	[hissijɔt]
sentir (vt)	хис кардан	[his kardan]
fome (f)	гуруснагй	[gurusnagi:]
ter fome	хӯрок хостан	[xœrok xostan]
sede (f)	ташнагй	[taʃnagi:]
ter sede	об хостан	[ob xostan]
sonolência (f)	хобodyдй	[xoboludi:]
estar sonolento	хоб рафтан хостан	[xob raftan xostan]
cansaço (m)	мондашавй	[mondaʃavi:]
cansado (adj)	мондашуда	[mondaʃuda]
ficar cansado	монда шудан	[monda ʃudan]
humor (m)	рӯхия, кайфият	[rœhija], [kajfijat]
tédio (m)	дилтангй, зикй	[diltangi:], [ziqi:]
entediar-se (vr)	дилтанг шудан	[diltang ʃudan]
reclusão (isolamento)	танхой	[tanhoi:]
isolar-se (vr)	танхо мондан	[tanho mondan]
preocupar (vt)	ташвиш додан	[taʃviʃ dodan]
estar preocupado	норохат шудан	[norohat ʃudan]
preocupação (f)	норохатй	[norohati:]
ansiedade (f)	хаячон	[hajadʒon]
preocupado (adj)	мушавваш	[muʃavvaʃ]
estar nervoso	асабони шудан	[asaboni ʃudan]
entrar em pânico	вохима кардан	[vohima kardan]
esperança (f)	умед	[umed]
esperar (vt)	умед доштан	[umed doʃtan]
certeza (f)	дилпурй	[dilpuri:]
certo, seguro de ...	дилпур	[dilpur]
indecisão (f)	эътимод надоштани	[ɛ'timod nadoʃtani]
indeciso (adj)	эътимоднадошта	[ɛ'timodnadoʃta]
bêbado (adj)	маст	[mast]
sóbrio (adj)	хушёр	[huʃjor]
fraco (adj)	заиф	[zaif]
feliz (adj)	хушбахт	[xuʃbaχt]
assustar (vt)	тарсондан	[tarsondan]
fúria (f)	газабнокй	[ʁazabnoki:]
ira, raiva (f)	бадхашмй	[badχaʃmi:]
depressão (f)	рӯхафтодагй	[rœhaftodagi:]
desconforto (m)	норохат	[norohat]

conforto (m)	хузуру халоват	[huzuru halovat]
arrepender-se (vr)	таассуф хӯрдан	[taassuf xœrdan]
arrependimento (m)	таассуф	[taassuf]
azar (m), má sorte (f)	нобарорӣ, нокомӣ	[nobarori:], [nokomi:]
tristeza (f)	ранчиш, озор	[randʒiʃ], [ozor]

vergonha (f)	шарм	[ʃarm]
alegria (f)	шодӣ, хурсандӣ	[ʃodi:], [xursandi:]
entusiasmo (m)	ғайрат	[ʁajrat]
entusiasta (m)	одами боғаират	[odami boʁairat]
mostrar entusiasmo	ғайрат кардан	[ʁajrat kardan]

59. Caráter. Personalidade

caráter (m)	феъл, табиат	[fe'l], [tabiat]
falha (f) de caráter	камбудӣ	[kambudi:]
mente (f)	ақл	[aql]
razão (f)	фаҳм	[fahm]

consciência (f)	вичдон	[vidʒdon]
hábito, costume (m)	одат	[odat]
habilidade (f)	қобилият	[qobilijat]
saber (~ nadar, etc.)	тавонистан	[tavonistan]

paciente (adj)	бурдбор	[burdbor]
impaciente (adj)	бетоқат	[betoqat]
curioso (adj)	кунчков	[kundʒkov]
curiosidade (f)	кунчковӣ	[kundʒkovi:]

modéstia (f)	хоксорӣ	[xoksori:]
modesto (adj)	хоксор	[xoksor]
imodesto (adj)	густохона	[gustoxona]

preguiça (f)	танбалӣ	[tanbali:]
preguiçoso (adj)	танбал	[tanbal]
preguiçoso (m)	танбал	[tanbal]

astúcia (f)	ҳилагарӣ	[hilagari:]
astuto (adj)	ҳилагар	[hilagar]
desconfiança (f)	нобоварӣ	[nobovari:]
desconfiado (adj)	нобовар	[nobovar]

generosidade (f)	саховат	[saxovat]
generoso (adj)	сахӣ	[saxi:]
talentoso (adj)	боистеъдод	[boiste'dod]
talento (m)	истеъдод	[iste'dod]

corajoso (adj)	нотарс, часур	[notars], [dʒasur]
coragem (f)	нотарсӣ, часурӣ	[notarsi:], [dʒasuri:]
honesto (adj)	бовичдон	[bovidʒdon]
honestidade (f)	бовичдонӣ	[bovidʒdoni:]

| prudente, cuidadoso (adj) | эҳтиёткор | [ɛhtijotkor] |
| valoroso (adj) | диловар | [dilovar] |

| sério (adj) | мулоҳизакор | [mulohizakor] |
| severo (adj) | сахтгир | [saχtgir] |

decidido (adj)	собитқадам	[sobitqadam]
indeciso (adj)	сабукмизоҷ	[sabukmizoʤ]
tímido (adj)	беҷуръат	[beʤur'at]
timidez (f)	беҷуръатӣ	[beʤur'ati:]

confiança (f)	бовар	[bovar]
confiar (vt)	бовар кардан	[bovar kardan]
crédulo (adj)	зудбовар	[zudbovar]

sinceramente	самимона	[samimona]
sincero (adj)	самимӣ	[samimi:]
sinceridade (f)	самимият	[samimijat]
aberto (adj)	кушод	[kuʃod]

calmo (adj)	ором	[orom]
franco (adj)	фошофош	[foʃofoʃ]
ingênuo (adj)	соддадил	[soddadil]
distraído (adj)	хаёлпарешон	[χajolpareʃon]
engraçado (adj)	хандаовар	[χandaovar]

ganância (f)	хасисӣ	[χasisi:]
ganancioso (adj)	хасис	[χasis]
avarento, sovina (adj)	хасис	[χasis]
mal (adj)	бад, шарир	[bad], [ʃarir]
teimoso (adj)	якрав	[jakrav]
desagradável (adj)	дилнокаш	[dilnokaʃ]

egoísta (m)	худпараст	[χudparast]
egoísta (adj)	худпарастона	[χudparastona]
covarde (m)	тарсончак	[tarsonʧak]
covarde (adj)	тарсончак	[tarsonʧak]

60. O sono. Sonhos

dormir (vi)	хобидан	[χobidan]
sono (m)	хоб	[χob]
sonho (m)	хоб	[χob]
sonhar (ver sonhos)	хоб дидан	[χob didan]
sonolento (adj)	хоболуд	[χobolud]

cama (f)	кат	[kat]
colchão (m)	матрас, бистар	[matras], [bistar]
cobertor (m)	кӯрпа	[kœrpa]
travesseiro (m)	болишт	[boliʃt]
lençol (m)	чойпӯш	[ʤojpœʃ]

insônia (f)	бехобӣ	[beχobi:]
sem sono (adj)	бехоб	[beχob]
sonífero (m)	доруи хоб	[dorui χob]
tomar um sonífero	доруи хоб нӯшидан	[dorui χob nœʃidan]
estar sonolento	хоб рафтан хостан	[χob raftan χostan]

bocejar (vi)	хамёза кашидан	[χamjɔza kaʃidan]
ir para a cama	хобравй рафтан	[χobravi: raftan]
fazer a cama	ҷогаҳ андохтан	[dʒogah andoχtan]
adormecer (vi)	хоб рафтан	[χob raftan]
pesadelo (m)	сиёхӣ	[sijɔhi:]
ronco (m)	хуррок	[χurrok]
roncar (vi)	хуррок кашидан	[χurrok kaʃidan]
despertador (m)	соати рӯимизии зангдор	[soati rœimizi:i zangdor]
acordar, despertar (vt)	бедор кардан	[bedor kardan]
acordar (vi)	аз хоб бедор шудан	[az χob bedor ʃudan]
levantar-se (vr)	саҳар хестан	[sahar χestan]
lavar-se (vr)	дасту рӯй шустан	[dastu rœj ʃustan]

61. Humor. Riso. Alegria

humor (m)	ҳаҷв	[hadʒv]
senso (m) de humor	шӯхтабъй	[ʃœχtab'i:]
divertir-se (vr)	хурсандй кардан	[χursandi: kardan]
alegre (adj)	хушхол	[χuʃhol]
diversão (f)	шодй, хурсандй	[ʃodi:], [χursandi:]
sorriso (m)	табассум	[tabassum]
sorrir (vi)	табассум кардан	[tabassum kardan]
começar a rir	хандидан	[χandidan]
rir (vi)	хандидан	[χandidan]
riso (m)	ханда	[χanda]
anedota (f)	латифа, ҳикояти мазҳакавй	[latifa], [hikojati mazhakavi:]
engraçado (adj)	хандаовар	[χandaovar]
ridículo, cômico (adj)	хандаовар	[χandaovar]
brincar (vi)	шӯхй кардан	[ʃœχi: kardan]
piada (f)	шӯхй	[ʃœχi:]
alegria (f)	шодй	[ʃodi:]
regozijar-se (vr)	шодй кардан	[ʃodi: kardan]
alegre (adj)	хурсанд	[χursand]

62. Discussão, conversação. Parte 1

comunicação (f)	алоқа, робита	[aloqa], [robita]
comunicar-se (vr)	алоқа доштан	[aloqa doʃtan]
conversa (f)	сӯхбат	[sœhbat]
diálogo (m)	муколима	[mukolima]
discussão (f)	мубоҳиса	[mubohisa]
debate (m)	баҳс	[bahs]
debater (vt)	баҳс кардан	[bahs kardan]
interlocutor (m)	ҳамсӯхбат	[hamsœhbat]
tema (m)	мавзӯъ	[mavzœ']

ponto (m) de vista	нуқтаи назар	[nuqtai nazar]
opinião (f)	фикр	[fikr]
discurso (m)	нутқ	[nutq]

discussão (f)	муҳокима	[muhokima]
discutir (vt)	муҳокима кардан	[muhokima kardan]
conversa (f)	сӯҳбат	[sœhbat]
conversar (vi)	сӯҳбат кардан	[sœhbat kardan]
reunião (f)	мулоқот	[muloqot]
encontrar-se (vr)	мулоқот кардан	[muloqot kardan]

provérbio (m)	зарбулмасал	[zarbulmasal]
ditado, provérbio (m)	мақол	[maqol]
adivinha (f)	чистон	[tʃiston]
dizer uma adivinha	чистон гуфтан	[tʃiston guftan]
senha (f)	рамз	[ramz]
segredo (m)	сир, роз	[sir], [roz]

juramento (m)	қасам	[qasam]
jurar (vi)	қасам хурдан	[qasam χurdan]
promessa (f)	ваъда	[va'da]
prometer (vt)	ваъда додан	[va'da dodan]

conselho (m)	маслиҳат	[maslihat]
aconselhar (vt)	маслиҳат додан	[maslihat dodan]
seguir o conselho	аз рӯи маслиҳат рафтор кардан	[az rœi maslihat raftor kardan]
escutar (~ os conselhos)	ба маслиҳат гӯш додан	[ba maslihat gœʃ dodan]

novidade, notícia (f)	навй, навигарй	[navi:], [navigari:]
sensação (f)	ҳангома	[hangoma]
informação (f)	маълумот	[ma'lumot]
conclusão (f)	хулоса	[χulosa]
voz (f)	овоз	[ovoz]
elogio (m)	таъриф	[ta'rif]
amável, querido (adj)	меҳрубон	[mehrubon]

palavra (f)	калима	[kalima]
frase (f)	ибора	[ibora]
resposta (f)	ҷавоб	[dʒavob]

| verdade (f) | ҳақиқат | [haqiqat] |
| mentira (f) | дурӯғ | [durœʁ] |

pensamento (m)	фикр, ақл	[fikr], [aql]
ideia (f)	фикр	[fikr]
fantasia (f)	сайри хаёлот	[sajri χajɔlot]

63. Discussão, conversação. Parte 2

estimado, respeitado (adj)	мӯҳтарам	[mœhtaram]
respeitar (vt)	ҳурмат кардан	[hurmat kardan]
respeito (m)	ҳурмат	[hurmat]
Estimado ..., Caro ...	Мӯҳтарам ...	[mœhtaram]

apresentar (alguém a alguém)	ошно кардан	[oʃno kardan]
conhecer (vt)	ошно шудан	[oʃno ʃudan]
intenção (f)	ният	[nijat]
tencionar (~ fazer algo)	ният доштан	[nijat doʃtan]
desejo (de boa sorte)	орзу, хоҳиш	[orzu], [χohiʃ]
desejar (ex. ~ boa sorte)	орзу кардан	[orzu kardan]
surpresa (f)	тааччуб, ҳайрат	[taadʒdʒub], [hajrat]
surpreender (vt)	ба ҳайрат андохтан	[ba hajrat andoχtan]
surpreender-se (vr)	ба ҳайрат афтодан	[ba hajrat aftodan]
dar (vt)	додан	[dodan]
pegar (tomar)	гирифтан	[giriftan]
devolver (vt)	баргардондан	[bargardondan]
retornar (vt)	баргардондан	[bargardondan]
desculpar-se (vr)	узр пурсидан	[uzr pursidan]
desculpa (f)	узр, афв	[uzr], [afv]
perdoar (vt)	бахшидан	[baχʃidan]
falar (vi)	гап задан	[gap zadan]
escutar (vt)	гӯш кардан	[gœʃ kardan]
ouvir até o fim	гӯш кардан	[gœʃ kardan]
entender (compreender)	фаҳмидан	[fahmidan]
mostrar (vt)	нишон додан	[niʃon dodan]
olhar para …	нигоҳ кардан ба …	[nigoh kardan ba]
chamar (alguém para …)	чеғ задан	[dʒeʁ zadan]
perturbar, distrair (vt)	халал расондан	[χalal rasondan]
perturbar (vt)	халал расондан	[χalal rasondan]
entregar (~ em mãos)	расонидан	[rasonidan]
pedido (m)	пурсиш	[pursiʃ]
pedir (ex. ~ ajuda)	пурсидан	[pursidan]
exigência (f)	талаб	[talab]
exigir (vt)	талаб кардан	[talab kardan]
insultar (chamar nomes)	шӯронидан	[ʃœronidan]
zombar (vt)	масхара кардан	[masχara kardan]
zombaria (f)	масхара	[masχara]
alcunha (f), apelido (m)	лақаб	[laqab]
insinuação (f)	ишора	[iʃora]
insinuar (vt)	ишора кардан	[iʃora kardan]
querer dizer	тахмин кардан	[taχmin kardan]
descrição (f)	тасвир	[tasvir]
descrever (vt)	тасвир кардан	[tasvir kardan]
elogio (m)	таъриф	[ta'rif]
elogiar (vt)	таъриф кардан	[ta'rif kardan]
desapontamento (m)	ноумедӣ	[noumedi:]
desapontar (vt)	ноумед кардан	[noumed kardan]
desapontar-se (vr)	ноумед шудан	[noumed ʃudan]

suposição (f)	гумон	[gumon]
supor (vt)	гумон доштан	[gumon doʃtan]
advertência (f)	огоҳӣ	[ogohi:]
advertir (vt)	огоҳонидан	[ogohonidan]

64. Discussão, conversação. Parte 3

convencer (vt)	розӣ кардан	[rozi: kardan]
acalmar (vt)	ором кардан	[orom kardan]
silêncio (o ~ é de ouro)	хомӯшӣ	[χomœʃi:]
ficar em silêncio	хомӯш будан	[χomœʃ budan]
sussurrar (vt)	пичиррос задан	[pitʃirros zadan]
sussurro (m)	пичиррос	[pitʃirros]
francamente	фошофош	[foʃofoʃ]
na minha opinião ...	ба фикри ман ...	[ba fikri man]
detalhe (~ da história)	муфассалӣ	[mufassali:]
detalhado (adj)	муфассал	[mufassal]
detalhadamente	муфассал	[mufassal]
dica (f)	луқма додан	[luqma dodan]
dar uma dica	луқма додан	[luqma dodan]
olhar (m)	нигоҳ	[nigoh]
dar uma olhada	нигоҳ кардан	[nigoh kardan]
fixo (olhada ~a)	карахт	[karaχt]
piscar (vi)	мижа задан	[miʒa zadan]
piscar (vt)	чашмакӣ задан	[tʃaʃmaki: zadan]
acenar com a cabeça	сар ҷунбондан	[sar dʒunbondan]
suspiro (m)	нафас	[nafas]
suspirar (vi)	нафас рост кардан	[nafas rost kardan]
estremecer (vi)	як қад ларидан	[jak qad laridan]
gesto (m)	имову ишора	[imovu iʃora]
tocar (com as mãos)	даст задан	[dast zadan]
agarrar (~ pelo braço)	гирифтан	[giriftan]
bater de leve	тап-тап задан	[tap-tap zadan]
Cuidado!	Эҳтиёт шавед!	[ɛhtijot ʃaved]
Sério?	Наход?	[naχod]
Tem certeza?	Ту дилпурӣ?	[tu dilpuri:]
Boa sorte!	Барори кор!	[barori kor]
Entendi!	Фаҳмо!	[fahmo]
Que pena!	Афсӯс!	[afsœs]

65. Acordo. Recusa

consentimento (~ mútuo)	розигӣ	[rozigi:]
consentir (vi)	розигӣ додан	[rozigi: dodan]
aprovação (f)	розигӣ	[rozigi:]

aprovar (vt)	розигӣ додан	[rozigi: dodan]
recusa (f)	рад	[rad]
negar-se a ...	рад кардан	[rad kardan]

Ótimo!	Олӣ!	[oli:]
Tudo bem!	Хуб!	[χub]
Está bem! De acordo!	Майлаш!	[majlaʃ]

proibido (adj)	мамнӯъ	[mamnœ']
é proibido	мумкин нест	[mumkin nest]
é impossível	номумкин	[nomumkin]
incorreto (adj)	нодуруст	[nodurust]

rejeitar (~ um pedido)	рад кардан	[rad kardan]
apoiar (vt)	тарафдорӣ кардан	[tarafdori: kardan]
aceitar (desculpas, etc.)	баргирифтан	[bargiriftan]

confirmar (vt)	тасдиқ кардан	[tasdiq kardan]
confirmação (f)	тасдиқ	[tasdiq]
permissão (f)	иҷозат	[idʒozat]
permitir (vt)	иҷозат додан	[idʒozat dodan]
decisão (f)	қарор	[qaror]
não dizer nada	хомӯш мондан	[χomœʃ mondan]

condição (com uma ~)	шарт	[ʃart]
pretexto (m)	баҳона	[bahona]
elogio (m)	таъриф	[ta'rif]
elogiar (vt)	таъриф кардан	[ta'rif kardan]

66. Sucesso. Boa sorte. Insucesso

êxito, sucesso (m)	муваффақият	[muvaffaqijat]
com êxito	бо муваффақият	[bo muvaffaqijat]
bem sucedido (adj)	бомуваффақият	[bomuvaffaqijat]

sorte (fortuna)	барор	[baror]
Boa sorte!	Барори кор!	[barori kor]
de sorte	бобарор	[bobaror]
sortudo, felizardo (adj)	бахтбедор	[baχtbedor]

fracasso (m)	бемуваффақиятӣ	[bemuvaffaqijati:]
pouca sorte (f)	нобарорӣ	[nobarori:]
azar (m), má sorte (f)	нобарорӣ, нокомӣ	[nobarori:], [nokomi:]
mal sucedido (adj)	бемуваффақият	[bemuvaffaqijat]
catástrofe (f)	шикаст	[ʃikast]

orgulho (m)	ифтихор	[iftiχor]
orgulhoso (adj)	боифтихор	[boiftiχor]
estar orgulhoso, -a	ифтихор доштан	[iftiχor doʃtan]

vencedor (m)	ғолиб	[ʁolib]
vencer (vi, vt)	ғалаба кардан	[ʁalaba kardan]
perder (vt)	бохтан	[boχtan]
tentativa (f)	кӯшиш	[kœʃiʃ]

| tentar (vt) | кӯшидан | [kœʃidan] |
| chance (m) | имконият | [imkonijat] |

67. Conflitos. Emoções negativas

grito (m)	дод, фарёд	[dod], [farjod]
gritar (vi)	дод задан	[dod zadan]
começar a gritar	фарёд кардан	[farjod kardan]

discussão (f)	ҷанҷол	[dʒandʒol]
brigar (discutir)	ҷанҷол кардан	[dʒandʒol kardan]
escândalo (m)	ғавғо	[ʁavʁo]
criar escândalo	ғавғо бардоштан	[ʁavʁo bardoʃtan]
conflito (m)	ҷанҷол, низоъ	[dʒandʒol], [nizo']
mal-entendido (m)	нофаҳмӣ	[nofahmi:]

insulto (m)	таҳқир	[tahqir]
insultar (vt)	таҳқир кардан	[tahqir kardan]
insultado (adj)	ранҷида, озурда	[randʒida], [ozurda]
ofensa (f)	озор, озурдаги	[ozor], [ozurdagi]
ofender (vt)	озурда кардан	[ozurda kardan]
ofender-se (vr)	озурда шудан	[ozurda ʃudan]

indignação (f)	ғазаб	[ʁazab]
indignar-se (vr)	ба ғазаб омадан	[ba ʁazab omadan]
queixa (f)	шикоят	[ʃikojat]
queixar-se (vr)	шикоят кардан	[ʃikojat kardan]

desculpa (f)	узр, афв	[uzr], [afv]
desculpar-se (vr)	узр пурсидан	[uzr pursidan]
pedir perdão	узр пурсидан	[uzr pursidan]

crítica (f)	танқид	[tanqid]
criticar (vt)	танқид кардан	[tanqid kardan]
acusação (f)	айбдоркунӣ	[ajbdorkuni:]
acusar (vt)	айбдор кардан	[ajbdor kardan]

vingança (f)	интиқом	[intiqom]
vingar (vt)	интиқом гирифтан	[intiqom giriftan]
vingar-se de	қасос гирифтан	[qasos giriftan]

desprezo (m)	ҳақорат	[haqorat]
desprezar (vt)	ҳақорат кардан	[haqorat kardan]
ódio (m)	нафрат	[nafrat]
odiar (vt)	нафрат кардан	[nafrat kardan]

nervoso (adj)	асабонӣ	[asaboni:]
estar nervoso	асабони шудан	[asaboni ʃudan]
zangado (adj)	бадқаҳр	[badqahr]
zangar (vt)	ранҷондан	[randʒondan]

humilhação (f)	таҳқиркунӣ	[tahqirkuni:]
humilhar (vt)	таҳқир кардан	[tahqir kardan]
humilhar-se (vr)	таҳқир шудан	[tahqir ʃudan]

choque (m)	садама, садамот	[sadama], [sadamot]
chocar (vt)	хичил кардан	[χidʒil kardan]
aborrecimento (m)	нохуши	[noχuʃi:]
desagradável (adj)	дилнокаш	[dilnokaʃ]
medo (m)	тарс	[tars]
terrível (tempestade, etc.)	сахт	[saχt]
assustador (ex. história ~a)	дахшатангез	[dahʃatangez]
horror (m)	дахшат	[dahʃat]
horrível (crime, etc.)	дахшатнок	[dahʃatnok]
começar a tremer	ба ларзиш омадан	[ba larziʃ omadan]
chorar (vi)	гиря кардан	[girja kardan]
começar a chorar	гиря сар кардан	[girja sar kardan]
lágrima (f)	ашк	[aʃk]
falta (f)	гунох	[gunoh]
culpa (f)	айб	[ajb]
desonra (f)	беобрӯй	[beobrœi:]
protesto (m)	эътироз	[ɛ'tiroz]
estresse (m)	стресс	[stress]
perturbar (vt)	ташвиш додан	[taʃviʃ dodan]
zangar-se com …	газабнок шудан	[ʁazabnok ʃudan]
zangado (irritado)	газаболуд	[ʁazabolud]
terminar (vt)	бас кардан	[bas kardan]
praguejar	дашном додан	[daʃnom dodan]
assustar-se	тарс хӯрдан	[tars χœrdan]
golpear (vt)	задан	[zadan]
brigar (na rua, etc.)	занозани кардан	[zanozani: kardan]
resolver (o conflito)	ба рох мондан	[ba roh mondan]
descontente (adj)	норозӣ	[norozi:]
furioso (adj)	пурхашм	[purχaʃm]
Não está bem!	Ин хуб не!	[in χub ne]
É ruim!	Ин бад!	[in bad]

Medicina

68. Doenças

doença (f)	касалӣ, беморӣ	[kasali:], [bemori:]
estar doente	бемор будан	[bemor budan]
saúde (f)	тандурустӣ, саломатӣ	[tandurusti:], [salomati:]
nariz (m) escorrendo	зуком	[zukom]
amigdalite (f)	дарди гулӯ	[dardi gulœ]
resfriado (m)	шамол хӯрдани	[ʃamol χœrdani]
ficar resfriado	шамол хӯрдан	[ʃamol χœrdan]
bronquite (f)	бронхит	[bronχit]
pneumonia (f)	варами шуш	[varami ʃuʃ]
gripe (f)	грипп	[gripp]
míope (adj)	наздикбин	[nazdikbin]
presbita (adj)	дурбин	[durbin]
estrabismo (m)	олусӣ	[olusi:]
estrábico, vesgo (adj)	олус	[olus]
catarata (f)	катаракта	[katarakta]
glaucoma (m)	глаукома	[glaukoma]
AVC (m), apoplexia (f)	сактаи майна	[saktai majna]
ataque (m) cardíaco	инфаркт, сактаи дил	[infarkt], [saktai dil]
enfarte (m) do miocárdio	инфаркти миокард	[infarkti miokard]
paralisia (f)	фалач	[faladʒ]
paralisar (vt)	фалач шудан	[faladʒ ʃudan]
alergia (f)	аллергия	[allergija]
asma (f)	астма, зиққи нафас	[astma], [ziqqi nafas]
diabetes (f)	диабет	[diabet]
dor (f) de dente	дарди дандон	[dardi dandon]
cárie (f)	кариес	[karies]
diarreia (f)	шикамрав	[ʃikamrav]
prisão (f) de ventre	қабзият	[qabzijat]
desarranjo (m) intestinal	вайроншавии меъда	[vajronʃavi:i me'da]
intoxicação (f) alimentar	заҳролудшавӣ	[zahroludʃavi:]
intoxicar-se	заҳролуд шудан	[zahrolud ʃudan]
artrite (f)	артрит	[artrit]
raquitismo (m)	рахит, чиллаашӯр	[raχit], [tʃillaaʃœr]
reumatismo (m)	тарбод	[tarbod]
arteriosclerose (f)	атеросклероз	[ateroskleroz]
gastrite (f)	гастрит	[gastrit]
apendicite (f)	варами кӯррӯда	[varami kœrrœda]

colecistite (f)	холетсистит	[χoletsistit]
úlcera (f)	захм	[zaχm]
sarampo (m)	сурхча, сурхак	[surχʧa], [surχak]
rubéola (f)	сурхакон	[surχakon]
icterícia (f)	зардча, заъфарма	[zardʧa], [za'farma]
hepatite (f)	гепатит, қубод	[gepatit], [qubod]
esquizofrenia (f)	маҷзубият	[maʤzubijat]
raiva (f)	ҳорӣ	[hori:]
neurose (f)	невроз, чунун	[nevroz], [ʧunun]
contusão (f) cerebral	зарб хӯрдани майна	[zarb χœrdani majna]
câncer (m)	саратон	[saraton]
esclerose (f)	склероз	[skleroz]
esclerose (f) múltipla	склерози густаришёфта	[sklerozi gustariʃʃofta]
alcoolismo (m)	майзадагӣ	[majzadagi:]
alcoólico (m)	майзада	[majzada]
sífilis (f)	оташак	[otaʃak]
AIDS (f)	СПИД	[spid]
tumor (m)	варам	[varam]
maligno (adj)	ганда	[ganda]
benigno (adj)	безарар	[bezarar]
febre (f)	табларза, варача	[tablarza], [varaʤa]
malária (f)	варача	[varaʤa]
gangrena (f)	гангрена	[gangrena]
enjoo (m)	касалии баҳр	[kasali:i bahr]
epilepsia (f)	саръ	[sar']
epidemia (f)	эпидемия	[ɛpidemija]
tifo (m)	арақа, домана	[araqa], [domana]
tuberculose (f)	сил	[sil]
cólera (f)	вабо	[vabo]
peste (f) bubônica	тоун	[toun]

69. Sintomas. Tratamentos. Parte 1

sintoma (m)	аломат	[alomat]
temperatura (f)	ҳарорат, таб	[harorat], [tab]
febre (f)	ҳарорати баланд	[harorati baland]
pulso (m)	набз	[nabz]
vertigem (f)	саргардӣ	[sargardi:]
quente (testa, etc.)	гарм	[garm]
calafrio (m)	ларза, варача	[larza], [varaʤa]
pálido (adj)	рангпарида	[rangparida]
tosse (f)	сулфа	[sulfa]
tossir (vi)	сулфидан	[sulfidan]
espirrar (vi)	атса задан	[atsa zadan]
desmaio (m)	беҳушӣ	[behuʃi:]

desmaiar (vi)	беҳуш шудан	[behuʃ ʃudan]
mancha (f) preta	доғи кабуд, кабудӣ	[doɣi kabud], [kabudi:]
galo (m)	ғуррӣ	[ɢurri:]
machucar-se (vr)	зада шудан	[zada ʃudan]
contusão (f)	лат	[lat]
machucar-se (vr)	лату кӯб хӯрдан	[latu kœb χœrdan]
mancar (vi)	лангидан	[langidan]
deslocamento (f)	баромадан	[baromadan]
deslocar (vt)	баровардан	[barovardan]
fratura (f)	шикасти устухон	[ʃikasti ustuχon]
fraturar (vt)	устухон шикастан	[ustuχon ʃikastan]
corte (m)	буриш	[buriʃ]
cortar-se (vr)	буридан	[buridan]
hemorragia (f)	хунравӣ	[χunravi:]
queimadura (f)	сӯхта	[sœχta]
queimar-se (vr)	сӯзондан	[sœzondan]
picar (vt)	халондан	[χalondan]
picar-se (vr)	халидан	[χalidan]
lesionar (vt)	осеб дидан	[oseb didan]
lesão (m)	захм	[zaχm]
ferida (f), ferimento (m)	захм, реш	[zaχm], [reʃ]
trauma (m)	захм	[zaχm]
delirar (vi)	алой гуфтан	[aloi: guftan]
gaguejar (vi)	тутила шудан	[tutila ʃudan]
insolação (f)	офтобзанӣ	[oftobzani:]

70. Sintomas. Tratamentos. Parte 2

dor (f)	дард	[dard]
farpa (no dedo, etc.)	хор, зиреба	[χor], [zireba]
suor (m)	арақ	[araq]
suar (vi)	арақ кардан	[araq kardan]
vômito (m)	қайкунӣ	[qajkuni:]
convulsões (f pl)	рагкашӣ	[ragkaʃi:]
grávida (adj)	ҳомила	[homila]
nascer (vi)	таваллуд шудан	[tavallud ʃudan]
parto (m)	зоиш	[zoiʃ]
dar à luz	зоидан	[zoidan]
aborto (m)	аборт, бачапартой	[abort], [batʃapartoi:]
inspiração (f)	нафасгирӣ	[nafasgiri:]
expiração (f)	нафасбарорӣ	[nafasbarori:]
expirar (vi)	нафас бароварdaи	[nafas barovardai]
inspirar (vi)	нафас кашидан	[nafas kaʃidan]
inválido (m)	инвалид	[invalid]
aleijado (m)	маъюб	[ma'jub]

drogado (m)	нашъаманд	[naʃʼamand]
surdo (adj)	кар, гӯшкар	[kar], [gœʃkar]
mudo (adj)	гунг	[gung]
surdo-mudo (adj)	кару гунг	[karu gung]

louco, insano (adj)	девона	[devona]
louco (m)	девона	[devona]
louca (f)	девона	[devona]
ficar louco	аз ақл бегона шудан	[az aql begona ʃudan]

gene (m)	ген	[gen]
imunidade (f)	сироятнопазирй	[sirojatnopaziri:]
hereditário (adj)	меросй, ирсй	[merosi:], [irsi:]
congênito (adj)	модарзод	[modarzod]

vírus (m)	вирус	[virus]
micróbio (m)	микроб	[mikrob]
bactéria (f)	бактерия	[bakterija]
infecção (f)	сироят	[sirojat]

71. Sintomas. Tratamentos. Parte 3

hospital (m)	касалхона	[kasalχona]
paciente (m)	бемор	[bemor]

diagnóstico (m)	ташхиси касалй	[taʃχisi kasali:]
cura (f)	муолича	[muolidʒa]
tratamento (m) médico	табобат	[tabobat]
curar-se (vr)	табобат гирифтан	[tabobat giriftan]
tratar (vt)	табобат кардан	[tabobat kardan]
cuidar (pessoa)	нигохубин кардан	[nigohubin kardan]
cuidado (m)	нигохубин	[nigohubin]

operação (f)	чаррохи	[dʒarrohi]
enfaixar (vt)	бо бандина бастан	[bo bandina bastan]
enfaixamento (m)	чарохатбандй	[dʒarohatbandi:]

vacinação (f)	доругузаронй	[doruguzaroni:]
vacinar (vt)	эмгузаронй кардан	[ɛmguzaroni: kardan]
injeção (f)	сӯзанзанй	[sœzanzani:]
dar uma injeção	сӯзандору кардан	[sœzandoru kardan]

ataque (~ de asma, etc.)	хуруч	[χurudʒ]
amputação (f)	ампутатсия	[amputatsija]
amputar (vt)	ампутатсия кардан	[amputatsija kardan]
coma (f)	кома, игмо	[koma], [igmo]
estar em coma	дар кома будан	[dar koma budan]
reanimação (f)	шӯъбаи эхё	[ʃœʼbai ɛhjo]

recuperar-se (vr)	сихат шудан	[sihat ʃudan]
estado (~ de saúde)	ахвол	[ahvol]
consciência (perder a ~)	хуш	[huʃ]
memória (f)	хофиза	[hofiza]
tirar (vt)	кандан	[kandan]

obturação (f)	пломба	[plomba]
obturar (vt)	пломба занондан	[plomba zanondan]
hipnose (f)	гипноз	[gipnoz]
hipnotizar (vt)	гипноз кардан	[gipnoz kardan]

72. Médicos

médico (m)	духтур	[duχtur]
enfermeira (f)	ҳамшираи тиббӣ	[hamʃirai tibbi:]
médico (m) pessoal	духтури шахсӣ	[duχturi ʃaχsi:]
dentista (m)	духтури дандон	[duχturi dandon]
oculista (m)	духтури чашм	[duχturi ʧaʃm]
terapeuta (m)	терапевт	[terapevt]
cirurgião (m)	ҷаррох	[dʒarroh]
psiquiatra (m)	равонпизишк	[ravonpiziʃk]
pediatra (m)	духтури касалиҳои кӯдакона	[duχturi kasalihoi kœdakona]
psicólogo (m)	равоншинос	[ravonʃinos]
ginecologista (m)	гинеколог	[ginekolog]
cardiologista (m)	кардиолог	[kardiolog]

73. Medicina. Drogas. Acessórios

medicamento (m)	дору	[doru]
remédio (m)	дору	[doru]
receitar (vt)	таъйин кардан	[ta'jin kardan]
receita (f)	нусхаи даво	[nusχai davo]
comprimido (m)	ҳаб	[hab]
unguento (m)	марҳам	[marham]
ampola (f)	ампул	[ampul]
solução, preparado (m)	доруи обакӣ	[dorui obaki:]
xarope (m)	сироп	[sirop]
cápsula (f)	ҳаб	[hab]
pó (m)	хока	[χoka]
atadura (f)	дока	[doka]
algodão (m)	пахта	[paχta]
iodo (m)	йод	[jɔd]
curativo (m) adesivo	лейкопластир	[lejkoplastir]
conta-gotas (m)	қатрачакон	[qatratʃakon]
termômetro (m)	ҳароратсанҷ	[haroratsandʒ]
seringa (f)	обдуздак	[obduzdak]
cadeira (f) de rodas	аробачаи маъюбӣ	[arobatʃai ma'jubi:]
muletas (f pl)	бағаласо	[baʁalaso]
analgésico (m)	доруи дард	[dorui dard]
laxante (m)	мусхил	[mushil]

álcool (m)	спирт	[spirt]
ervas (f pl) medicinais	растаниҳои доругӣ	[rastanihoi dorugi:]
de ervas (chá ~)	... и алаф	[i alaf]

74. Fumar. Produtos tabágicos

tabaco (m)	тамоку	[tamoku]
cigarro (m)	сигарета	[sigareta]
charuto (m)	сигара	[sigara]
cachimbo (m)	чилим, чубук	[ʧilim], [ʧubuk]
maço (~ de cigarros)	қуттӣ	[qutti:]
fósforos (m pl)	гӯгирд	[gœgird]
caixa (f) de fósforos	қуттии гӯгирд	[qutti:i gœgird]
isqueiro (m)	оташафрӯзак	[otaʃafrœzak]
cinzeiro (m)	хокистардон	[χokistardon]
cigarreira (f)	папиросдон	[papirosdon]
piteira (f)	найча	[najʧa]
filtro (m)	филтр	[filtr]
fumar (vi, vt)	сигоркашидан	[sigorkaʃidan]
acender um cigarro	даргирондан	[dargirondan]
tabagismo (m)	сигоркашӣ	[sigorkaʃi:]
fumante (m)	сигоркаш	[sigorkaʃ]
bituca (f)	пасмондаи сигор	[pasmondai sigor]
cinza (f)	хокистар	[χokistar]

HABITAT HUMANO

Cidade

75. Cidade. Vida na cidade

cidade (f)	шаҳр	[ʃahr]
capital (f)	пойтахт	[pojtaχt]
aldeia (f)	деҳа, деҳ	[deha], [deh]
mapa (m) da cidade	нақшаи шаҳр	[naqʃai ʃahr]
centro (m) da cidade	маркази шаҳр	[markazi ʃahr]
subúrbio (m)	шаҳрча	[ʃahrtʃa]
suburbano (adj)	наздишаҳрӣ	[nazdiʃahri:]
periferia (f)	атроф, канор	[atrof], [kanor]
arredores (m pl)	атрофи шаҳр	[atrofi ʃahr]
quarteirão (m)	квартал, маҳалла	[kvartal], [mahalla]
quarteirão (m) residencial	маҳаллаи истиқоматӣ	[mahallai istiqomati:]
tráfego (m)	ҳаракат дар кӯча	[harakat dar kœtʃa]
semáforo (m)	чароғи раҳнамо	[tʃaroʁi rahnamo]
transporte (m) público	нақлиёти шаҳрӣ	[naqlijoti ʃahri:]
cruzamento (m)	чорраҳа	[tʃorraha]
faixa (f)	гузаргоҳи пиёдагардон	[guzargohi pijɔdagardon]
túnel (m) subterrâneo	гузаргоҳи зеризаминӣ	[guzargohi zerizamini:]
cruzar, atravessar (vt)	гузаштан	[guzaʃtan]
pedestre (m)	пиёдагард	[pijɔdagard]
calçada (f)	пиёдараҳа	[pijɔdaraha]
ponte (f)	пул, кӯпрук	[pul], [kœpruk]
margem (f) do rio	соҳил	[sohil]
fonte (f)	фаввора	[favvora]
alameda (f)	кӯчабоғ	[kœtʃaboʁ]
parque (m)	боғ	[boʁ]
bulevar (m)	кӯчабоғ, гулгашт	[kœtʃaboʁ], [gulgaʃt]
praça (f)	майдон	[majdon]
avenida (f)	хиёбон	[χijɔbon]
rua (f)	кӯча	[kœtʃa]
travessa (f)	тангкӯча	[tangkœtʃa]
beco (m) sem saída	кӯчаи бумбаста	[kœtʃai bumbasta]
casa (f)	хона	[χona]
edifício, prédio (m)	бино	[bino]
arranha-céu (m)	иморати осмонхарош	[imorati osmonχaroʃ]
fachada (f)	намо	[namo]
telhado (m)	бом	[bom]

janela (f)	тиреза	[tireza]
arco (m)	равоқ, тоқ	[ravoq], [toq]
coluna (f)	сутун	[sutun]
esquina (f)	бурчак	[burtʃak]

vitrine (f)	витрина	[vitrina]
letreiro (m)	лавҳа	[lavha]
cartaz (do filme, etc.)	эълоннома	[ɛ'lonnoma]
cartaz (m) publicitário	плакати реклама	[plakati reklama]
painel (m) publicitário	лавҳаи эълонҳо	[lavhai ɛ'lonho]

lixo (m)	ахлот, хокрӯба	[aχlot], [χokrœba]
lata (f) de lixo	ахлотқуттй	[aχlotqutti:]
jogar lixo na rua	ифлос кардан	[iflos kardan]
aterro (m) sanitário	партовгоҳ	[partovgoh]

orelhão (m)	будкаи телефон	[budkai telefon]
poste (m) de luz	сутуни фонус	[sutuni fonus]
banco (m)	нимкат	[nimkat]

polícia (m)	полис	[polis]
polícia (instituição)	полис	[polis]
mendigo, pedinte (m)	гадо	[gado]
desabrigado (m)	бехона	[beχona]

76. Instituições urbanas

loja (f)	магазин	[magazin]
drogaria (f)	доруxона	[doruχona]
ótica (f)	оптика	[optika]
centro (m) comercial	маркази савдо	[markazi savdo]
supermercado (m)	супермаркет	[supermarket]

padaria (f)	дӯкони нонфурӯшй	[dœkoni nonfurœʃi:]
padeiro (m)	нонвой	[nonvoj]
pastelaria (f)	қаннодй	[qannodi:]
mercearia (f)	дӯкони баққолй	[dœkoni baqqoli:]
açougue (m)	дӯкони гӯштфурӯшй	[dœkoni gœʃtfurœʃi:]

| fruteira (f) | дӯкони сабзавот | [dœkoni sabzavot] |
| mercado (m) | бозор | [bozor] |

cafeteria (f)	қаҳваxона	[qahvaχona]
restaurante (m)	тарабхона	[tarabχona]
bar (m)	пивохона	[pivoχona]
pizzaria (f)	питсерия	[pitserija]

salão (m) de cabeleireiro	сартарошхона	[sartaroʃχona]
agência (f) dos correios	пӯшта	[pœʃta]
lavanderia (f)	козургарии химиявй	[kozurgari:i χimijavi:]

| estúdio (m) fotográfico | суратгирхона | [suratgirχona] |
| sapataria (f) | магазини пойафзолфурӯшй | [magazini pojaʃzolfurœʃi:] |

| livraria (f) | мағозаи китоб | [maʁozai kitob] |
| loja (f) de artigos esportivos | мағозаи варзиш | [maʁozai varziʃi:] |

costureira (m)	таъмири либос	[taˈmiri libos]
aluguel (m) de roupa	кирояи либос	[kirojai libos]
videolocadora (f)	кирояи филмхо	[kirojai filmho]

circo (m)	сирк	[sirk]
jardim (m) zoológico	боғи ҳайвонот	[boʁi hajvonot]
cinema (m)	кинотеатр	[kinoteatr]
museu (m)	осорхона	[osorχona]
biblioteca (f)	китобхона	[kitobχona]

teatro (m)	театр	[teatr]
ópera (f)	опера	[opera]
boate (casa noturna)	клуби шабона	[klubi ʃabona]
cassino (m)	казино	[kazino]

mesquita (f)	масҷид	[masdʒid]
sinagoga (f)	каниса	[kanisa]
catedral (f)	собор	[sobor]
templo (m)	ибодатгоҳ	[ibodatgoh]
igreja (f)	калисо	[kaliso]

faculdade (f)	институт	[institut]
universidade (f)	университет	[universitet]
escola (f)	мактаб	[maktab]

prefeitura (f)	префектура	[prefektura]
câmara (f) municipal	мэрия	[mɛrija]
hotel (m)	меҳмонхона	[mehmonχona]
banco (m)	банк	[bank]

embaixada (f)	сафорат	[saforat]
agência (f) de viagens	турагенство	[turagenstvo]
agência (f) de informações	бюрои справкадихӣ	[bjuroi spravkadihi:]
casa (f) de câmbio	нуқтаи мубодила	[nuqtai mubodila]

| metrô (m) | метро | [metro] |
| hospital (m) | касалхона | [kasalχona] |

| posto (m) de gasolina | нуқтаи фурӯши сӯзишвори | [nuqtai furœʃi sœziʃvori:] |

| parque (m) de estacionamento | истгоҳи мошинхо | [istgohi moʃinho] |

77. Transportes urbanos

ônibus (m)	автобус	[avtobus]
bonde (m) elétrico	трамвай	[tramvaj]
trólebus (m)	троллейбус	[trollejbus]
rota (f), itinerário (m)	маршрут	[marʃrut]
número (m)	рақам	[raqam]
ir de ... (carro, etc.)	савор будан	[savor budan]
entrar no ...	савор шудан	[savor ʃudan]

descer do …	фуромадан	[furomadan]
parada (f)	истгоҳ	[istgoh]
próxima parada (f)	истгоҳи дигар	[istgohi digar]
terminal (m)	истгоҳи охирон	[istgohi oҳiron]
horário (m)	чадвал	[dʒadval]
esperar (vt)	поидан	[poidan]

passagem (f)	билет	[bilet]
tarifa (f)	арзиши чипта	[arziʃi tʃipta]

bilheteiro (m)	кассир	[kassir]
controle (m) de passagens	назорат	[nazorat]
revisor (m)	нозир	[nozir]

atrasar-se (vr)	дер мондан	[der mondan]
perder (o autocarro, etc.)	дер мондан	[der mondan]
estar com pressa	шитоб кардан	[ʃitob kardan]

táxi (m)	такси	[taksi]
taxista (m)	таксичӣ	[taksitʃi:]
de táxi (ir ~)	дар такси	[dar taksi]
ponto (m) de táxis	истгоҳи таксӣ	[istgohi taksi:]
chamar um táxi	даъват кардани таксӣ	[da'vat kardani taksi:]
pegar um táxi	такси гирифтан	[taksi giriftan]

tráfego (m)	ҳаракат дар кӯча	[harakat dar kœtʃa]
engarrafamento (m)	пробка	[probka]
horas (f pl) de pico	час пик	[tʃas pik]
estacionar (vi)	чой кардан	[dʒoj kardan]
estacionar (vt)	чой кардан	[dʒoj kardan]
parque (m) de estacionamento	истгоҳ	[istgoh]

metrô (m)	метро	[metro]
estação (f)	истгоҳ	[istgoh]
ir de metrô	бо метро рафтан	[bo metro raftan]
trem (m)	поезд, қатор	[poezd], [qator]
estação (f) de trem	вокзал	[vokzal]

78. Turismo

monumento (m)	ҳайкал	[hajkal]
fortaleza (f)	ҳисор	[hisor]
palácio (m)	қаср	[qasr]
castelo (m)	кӯшк	[kœʃk]
torre (f)	манора, бурч	[manora], [burdʒ]
mausoléu (m)	мавзолей, мақбара	[mavzolej], [maqbara]

arquitetura (f)	меъморӣ	[me'mori:]
medieval (adj)	асримиёнагӣ	[asrimijɔnagi:]
antigo (adj)	қадим	[qadim]
nacional (adj)	миллӣ	[milli:]
famoso, conhecido (adj)	маъруф	[ma'ruf]
turista (m)	саёҳатчӣ	[sajɔhattʃi:]
guia (pessoa)	роҳбалад	[rohbalad]

excursão (f)	экскурсия	[ɛkskursija]
mostrar (vt)	нишон додан	[niʃon dodan]
contar (vt)	нақл кардан	[naql kardan]

encontrar (vt)	ёфтан	[joftan]
perder-se (vr)	роҳ гум кардан	[roh gum kardan]
mapa (~ do metrô)	нақша	[nakʃa]
mapa (~ da cidade)	нақша	[naqʃa]

lembrança (f), presente (m)	тӯҳфа	[tœhfa]
loja (f) de presentes	мағозаи туҳфаҳо	[maʁozai tuhfaho]
tirar fotos, fotografar	сурат гирифтан	[surat giriftan]
fotografar-se (vr)	сурати худро гирондан	[surati χudro girondan]

79. Compras

comprar (vt)	харидан	[χaridan]
compra (f)	харид	[χarid]
fazer compras	харид кардан	[χarid kardan]
compras (f pl)	шопинг	[ʃoping]

| estar aberta (loja) | кушода будан | [kuʃoda budan] |
| estar fechada | маҳкам будан | [mahkam budan] |

calçado (m)	пойафзол	[pojafzol]
roupa (f)	либос	[libos]
cosméticos (m pl)	косметика	[kosmetika]
alimentos (m pl)	озуқаворӣ	[ozuqavori:]
presente (m)	тӯҳфа	[tœhfa]

| vendedor (m) | фурӯш | [furœʃ] |
| vendedora (f) | фурӯш | [furœʃ] |

caixa (f)	касса	[kassa]
espelho (m)	оина	[oina]
balcão (m)	пешдӯкон	[peʃdœkon]
provador (m)	ҷои пӯшида дидани либос	[dʒoi pœʃida didani libos]

provar (vt)	пӯшида дидан	[pœʃida didan]
servir (roupa, caber)	мувофиқ омадан	[muvofiq omadan]
gostar (apreciar)	форидан	[foridan]

preço (m)	нарх	[narχ]
etiqueta (f) de preço	нархнома	[narχnoma]
custar (vt)	арзидан	[arzidan]
Quanto?	Чанд пул?	[tʃand pul]
desconto (m)	тахфиф	[taχfif]

não caro (adj)	арзон	[arzon]
barato (adj)	арзон	[arzon]
caro (adj)	қимат	[qimat]
É caro	Ин қимат аст	[in qimat ast]
aluguel (m)	кироя	[kiroja]
alugar (roupas, etc.)	насия гирифтан	[nasija giriftan]

crédito (m)	қарз	[qarz]
a crédito	кредит гирифтан	[kredit giriftan]

80. Dinheiro

dinheiro (m)	пул	[pul]
câmbio (m)	мубодила, иваз	[mubodila], [ivaz]
taxa (f) de câmbio	қурб	[qurb]
caixa (m) eletrônico	банкомат	[bankomat]
moeda (f)	танга	[tanga]

dólar (m)	доллар	[dollar]
lira (f)	лираи италиявй	[lirai italijavi:]
marco (m)	маркаи олмонй	[markai olmoni:]
franco (m)	франк	[frank]
libra (f) esterlina	фунт стерлинг	[funt sterling]
iene (m)	иена	[iena]

dívida (f)	қарз	[qarz]
devedor (m)	қарздор	[qarzdor]
emprestar (vt)	қарз додан	[qarz dodan]
pedir emprestado	қарз гирифтан	[qarz giriftan]

banco (m)	банк	[bank]
conta (f)	ҳисоб	[hisob]
depositar (vt)	гузарондан	[guzarondan]
depositar na conta	ба суратҳисоб гузарондан	[ba surathisob guzarondan]
sacar (vt)	аз суратҳисоб гирифтан	[az surathisob giriftan]

cartão (m) de crédito	корти кредитй	[korti krediti:]
dinheiro (m) vivo	пули нақд, нақдина	[puli naqd], [naqdina]
cheque (m)	чек	[ʧek]
passar um cheque	чек навиштан	[ʧek naviʃtan]
talão (m) de cheques	дафтарчаи чек	[daftarʧai ʧek]

carteira (f)	ҳамён	[hamjon]
niqueleira (f)	ҳамён	[hamjon]
cofre (m)	сейф	[sejf]

herdeiro (m)	меросхӯр	[merosχœr]
herança (f)	мерос	[meros]
fortuna (riqueza)	дорой	[doroi:]

arrendamento (m)	ичора	[idʒora]
aluguel (pagar o ~)	ҳаққи манзил	[haqqi manzil]
alugar (vt)	ба ичора гирифтан	[ba idʒora giriftan]

preço (m)	нарх	[narχ]
custo (m)	арзиш	[arziʃ]
soma (f)	маблағ	[mablaʁ]

gastar (vt)	сарф кардан	[sarf kardan]
gastos (m pl)	харч, ҳазина	[χardʒ], [hazina]
economizar (vi)	сарфа кардан	[sarfa kardan]

econômico (adj)	сарфакор	[sarfakor]
pagar (vt)	пул додан	[pul dodan]
pagamento (m)	пардохт	[pardoχt]
troco (m)	бақияи пул	[baqijai pul]

imposto (m)	налог, андоз	[nalog], [andoz]
multa (f)	чарима	[dʒarima]
multar (vt)	чарима андохтан	[dʒarima andoχtan]

81. Correios. Serviço postal

agência (f) dos correios	почта	[potʃta]
correio (m)	почта	[potʃta]
carteiro (m)	хаткашон	[χatkaʃon]
horário (m)	соати корӣ	[soati kori:]

carta (f)	мактуб	[maktub]
carta (f) registada	хати супоришӣ	[χati suporiʃi:]
cartão (m) postal	руқъа	[ruq'a]
telegrama (m)	барқия	[barqija]
encomenda (f)	равонак	[ravonak]
transferência (f) de dinheiro	пули фиристодашуда	[puli firistodaʃuda]

receber (vt)	гирифтан	[giriftan]
enviar (vt)	ирсол кардан	[irsol kardan]
envio (m)	ирсол	[irsol]

endereço (m)	адрес, унвон	[adres], [unvon]
código (m) postal	индекси почта	[indeksi potʃta]
remetente (m)	ирсолкунанда	[irsolkunanda]
destinatário (m)	гиранда	[giranda]

| nome (m) | ном | [nom] |
| sobrenome (m) | фамилия | [familija] |

tarifa (f)	таърифа	[ta'rifa]
ordinário (adj)	муқаррарӣ	[muqarrari:]
econômico (adj)	камхарч	[kamχardʒ]

peso (m)	вазн	[vazn]
pesar (estabelecer o peso)	баркашидан	[barkaʃidan]
envelope (m)	конверт	[konvert]
selo (m) postal	марка	[marka]
colar o selo	марка часпонидан	[marka tʃasponidan]

Moradia. Casa. Lar

82. Casa. Habitação

casa (f)	хона	[χona]
em casa	дар хона	[dar χona]
pátio (m), quintal (f)	ҳавлӣ	[havli:]
cerca, grade (f)	панҷара	[pandʒara]
tijolo (m)	хишт	[χiʃt]
de tijolos	хиштӣ, … и хишт	[χiʃti:], [i χiʃt]
pedra (f)	санг	[sang]
de pedra	сангин	[sangin]
concreto (m)	бетон	[beton]
concreto (adj)	бетонӣ	[betoni:]
novo (adj)	нав	[nav]
velho (adj)	кӯҳна	[kœhna]
decrépito (adj)	фарсуда	[farsuda]
moderno (adj)	ҳамаср, муосир	[hamasr], [muosir]
de vários andares	серошёна	[seroʃʃona]
alto (adj)	баланд	[baland]
andar (m)	қабат, ошёна	[qabat], [oʃʃona]
de um andar	якошёна	[jakoʃʃona]
térreo (m)	ошёнаи поён	[oʃʃonai pojon]
andar (m) de cima	ошёнаи боло	[oʃʃonai bolo]
telhado (m)	бом	[bom]
chaminé (f)	мӯрии дудкаш	[mœri:i dudkaʃ]
telha (f)	сафоли бомпӯшӣ	[safoli bompœʃi:]
de telha	… и сафоли бомпӯшӣ	[i safoli bompœʃi:]
sótão (m)	чердак	[tʃerdak]
janela (f)	тиреза	[tireza]
vidro (m)	шиша, оина	[ʃiʃa], [oina]
parapeito (m)	зертахтаи тиреза	[zertaχtai tireza]
persianas (f pl)	дари пушти тиреза	[dari puʃti tireza]
parede (f)	девор	[devor]
varanda (f)	балкон	[balkon]
calha (f)	тарнов, новадон	[tarnov], [novadon]
em cima	дар боло	[dar bolo]
subir (vi)	баромадан	[baromadan]
descer (vi)	фуромадан	[furomadan]
mudar-se (vr)	кӯчидан	[kœtʃidan]

83. Casa. Entrada. Elevador

entrada (f)	даромадгоҳ	[daromadgoh]
escada (f)	зина, зинапоя	[zina], [zinapoja]
degraus (m pl)	зинаҳо	[zinaho]
corrimão (m)	панчара	[pandʒara]
hall (m) de entrada	толор	[tolor]
caixa (f) de correio	қуттии почта	[qutti:i potʃta]
lata (f) do lixo	қуттии партов	[qutti:i partov]
calha (f) de lixo	кубури ахлот	[quburi aχlot]
elevador (m)	лифт	[lift]
elevador (m) de carga	лифти боркаш	[lifti borkaʃ]
cabine (f)	лифт	[lift]
pegar o elevador	ба лифт рафтан	[ba lift raftan]
apartamento (m)	манзил	[manzil]
residentes (pl)	истиқоматкунандагон	[istiqomatkunandagon]
vizinho (m)	ҳамсоя	[hamsoja]
vizinha (f)	ҳамсоязан	[hamsojazan]
vizinhos (pl)	ҳамсояҳо	[hamsojaho]

84. Casa. Portas. Fechaduras

porta (f)	дар	[dar]
portão (m)	дарвоза	[darvoza]
maçaneta (f)	дастак	[dastak]
destrancar (vt)	кушодан	[kuʃodan]
abrir (vt)	кушодан	[kuʃodan]
fechar (vt)	пӯшидан, бастан	[pœʃidan], [bastan]
chave (f)	калид	[kalid]
molho (m)	даста	[dasta]
ranger (vi)	ғичиррос задан	[ʁidʒirros zadan]
rangido (m)	ғичиррос	[ʁidʒirros]
dobradiça (f)	ошиқ-маъшуқ	[oʃiq-ma'ʃuq]
capacho (m)	пойандоз	[pojandoz]
fechadura (f)	қулф	[qulf]
buraco (m) da fechadura	сӯрохи қулф	[sœroχi qulf]
barra (f)	ликаки дар	[likaki dar]
fecho (ferrolho pequeno)	ғалақаи дар	[ʁalaqai dar]
cadeado (m)	қулфи овезон	[qulfi ovezon]
tocar (vt)	занг задан	[zang zadan]
toque (m)	занг	[zang]
campainha (f)	занг	[zang]
botão (m)	кнопка	[knopka]
batida (f)	тақ-тақ	[taq-taq]
bater (vi)	тақ-тақ кардан	[taq-taq kardan]
código (m)	рамз, код	[ramz], [kod]
fechadura (f) de código	қулфи коддор	[qulfi koddor]

interfone (m)	домофон	[domofon]
número (m)	рақам	[raqam]
placa (f) de porta	чадвалча	[dʒadvaltʃa]
olho (m) mágico	чашмаки дар	[tʃaʃmaki dar]

85. Casa de campo

| aldeia (f) | деҳа, деҳ | [deha], [deh] |
| horta (f) | обчакорӣ | [obtʃakori:] |

cerca (f)	девор	[devor]
cerca (f) de piquete	панчара, деворча	[pandʒara], [devortʃa]
portão (f) do jardim	дарича	[daritʃa]

celeiro (m)	анбор	[anbor]
adega (f)	тахҳона	[tahxona]
galpão, barracão (m)	анбор	[anbor]
poço (m)	чоҳ	[tʃoh]

| fogão (m) | оташдон | [otaʃdon] |
| atiçar o fogo | ба печка алав мондан | [ba petʃka alav mondan] |

| lenha (carvão ou ~) | ҳезум | [hezum] |
| acha, lenha (f) | тароша | [taroʃa] |

varanda (f)	айвон, пешайвон	[ajvon], [peʃajvon]
alpendre (m)	пешайвон	[peʃajvon]
degraus (m pl) de entrada	айвон	[ajvon]
balanço (m)	арғунчак	[arɣuntʃak]

86. Castelo. Palácio

castelo (m)	кӯшк	[kœʃk]
palácio (m)	қаср	[qasr]
fortaleza (f)	ҳисор	[hisor]

muralha (f)	девор	[devor]
torre (f)	манора, бурч	[manora], [burdʒ]
calabouço (m)	бурчи асосӣ	[burdʒi asosi:]

grade (f) levadiça	панчараи болошаванда	[pandʒarai boloʃavanda]
passagem (f) subterrânea	роҳи зеризаминӣ	[rohi zerizamini:]
fosso (m)	хандақ	[xandaq]

| corrente, cadeia (f) | занчир | [zandʒir] |
| seteira (f) | почанг | [potʃang] |

| magnífico (adj) | бошукӯҳ, боҳашамат | [boʃukœh], [bohaʃamat] |
| majestoso (adj) | боазамат, чалил | [boazamat], [dʒalil] |

| inexpugnável (adj) | фатҳнопазир | [fathnopazir] |
| medieval (adj) | асримиёнагӣ | [asrimijɔnagi:] |

87. Apartamento

apartamento (m)	манзил	[manzil]
quarto, cômodo (m)	хона, ӯтоқ	[χona], [œtoq]
quarto (m) de dormir	хонаи хоб	[χonai χob]
sala (f) de jantar	хонаи хӯрокхӯрӣ	[χonai χœrokχœri:]
sala (f) de estar	меҳмонхона	[mehmonχona]
escritório (m)	утоқ	[utoq]
sala (f) de entrada	мадхал, даҳлез	[madχal], [dahlez]
banheiro (m)	ваннахона	[vannaχona]
lavabo (m)	ҳоҷатхона	[hoʤatχona]
teto (m)	шифт	[ʃift]
chão, piso (m)	фарш	[farʃ]
canto (m)	кунҷ	[kunʤ]

88. Apartamento. Limpeza

arrumar, limpar (vt)	рӯбучин кардан	[rœbutʃin kardan]
guardar (no armário, etc.)	ғундошта гирифтан	[ʁundoʃta giriftan]
pó (m)	чанг	[tʃang]
empoeirado (adj)	пурчанг	[purtʃang]
tirar o pó	чанг гирифтан	[tʃang giriftan]
aspirador (m)	чангкашак	[tʃangkaʃak]
aspirar (vt)	чанг кашидан	[tʃang kaʃidan]
varrer (vt)	рӯфтан	[rœftan]
sujeira (f)	ахлот	[aχlot]
arrumação, ordem (f)	тартиб	[tartib]
desordem (f)	бетартибӣ	[betartibi:]
esfregão (m)	пайкора	[pajkora]
pano (m), trapo (m)	латта	[latta]
vassoura (f)	ҷорӯб	[ʤorœb]
pá (f) de lixo	хокандози ахлот	[χokandozi aχlot]

89. Mobiliário. Interior

mobiliário (m)	мебел	[mebel]
mesa (f)	миз	[miz]
cadeira (f)	курсӣ	[kursi:]
cama (f)	кат	[kat]
sofá, divã (m)	диван	[divan]
poltrona (f)	курсӣ	[kursi:]
estante (f)	чевони китобмонӣ	[ʤevoni kitobmoni:]
prateleira (f)	раф, рафча	[raf], [raftʃa]
guarda-roupas (m)	чевони либос	[ʤevoni libos]
cabide (m) de parede	либосовезак	[libosovezak]

cabideiro (m) de pé	либосовезак	[libosovezak]
cômoda (f)	чевон	[dʒevon]
mesinha (f) de centro	мизи қаҳва	[mizi qahva]

espelho (m)	оина	[oina]
tapete (m)	гилем, қолин	[gilem], [qolin]
tapete (m) pequeno	гилемча	[gilemtʃa]

lareira (f)	оташдон	[otaʃdon]
vela (f)	шамъ	[ʃam']
castiçal (m)	шамъдон	[ʃam'don]

cortinas (f pl)	парда	[parda]
papel (m) de parede	зардеворӣ	[zardevori:]
persianas (f pl)	жалюзи	[ʒaljuzi]

luminária (f) de mesa	чароғи мизӣ	[tʃaroʁi mizi:]
luminária (f) de parede	чароғак	[tʃaroʁak]
abajur (m) de pé	торшер	[torʃer]
lustre (m)	қандил	[qandil]

pé (de mesa, etc.)	поя	[poja]
braço, descanso (m)	оринҷмонаки курсӣ	[orindʒmonaki kursi:]
costas (f pl)	пуштаки курсӣ	[puʃtaki kursi:]
gaveta (f)	ғаладон	[ʁaladon]

90. Quarto de dormir

roupa (f) de cama	чилдҳои болишту бистар	[dʒildhoi boliʃtu bistar]
travesseiro (m)	болишт	[boliʃt]
fronha (f)	чилди болишт	[dʒildi boliʃt]
cobertor (m)	кӯрпа	[kœrpa]
lençol (m)	чойпӯш	[dʒojpœʃ]
colcha (f)	болопӯш	[bolopœʃ]

91. Cozinha

cozinha (f)	ошхона	[oʃχona]
gás (m)	газ	[gaz]
fogão (m) a gás	плитаи газ	[plitai gaz]
fogão (m) elétrico	плитаи электрикӣ	[plitai ɛlektriki:]
forno (m) de micro-ondas	микроволновка	[mikrovolnovka]

geladeira (f)	яхдон	[jaχdon]
congelador (m)	яхдон	[jaχdon]
máquina (f) de lavar louça	мошини зарфшӯй	[moʃini zarfʃœj]

moedor (m) de carne	мошини гӯштқӯбӣ	[moʃini gœʃtkœbi:]
espremedor (m)	шарбатафшурак	[ʃarbatafʃurak]
torradeira (f)	тостер	[toster]
batedeira (f)	миксер	[mikser]
máquina (f) de café	қаҳвачӯшонак	[qahvadʒœʃonak]

cafeteira (f)	зарфи қаҳвачӯшонӣ	[zarfi qahvadʒœʃoni:]
moedor (m) de café	дастоси қаҳва	[dastosi qahva]
chaleira (f)	чойник	[tʃojnik]
bule (m)	чойник	[tʃojnik]
tampa (f)	сарпӯш	[sarpœʃ]
coador (m) de chá	ғалберча	[ʁalbertʃa]
colher (f)	қошуқ	[qoʃuq]
colher (f) de chá	чойкошук	[tʃojkoʃuk]
colher (f) de sopa	қошуқи ошхӯрӣ	[qoʃuqi oʃχœri:]
garfo (m)	чангча, чангол	[tʃangtʃa], [tʃangol]
faca (f)	корд	[kord]
louça (f)	табақ	[tabaq]
prato (m)	тақсимча	[taqsimtʃa]
pires (m)	тақсимӣ, тақсимича	[taqsimi:], [taqsimitʃa]
cálice (m)	рюмка	[rjumka]
copo (m)	стакан	[stakan]
xícara (f)	косача	[kosatʃa]
açucareiro (m)	шакардон	[ʃakardon]
saleiro (m)	намакдон	[namakdon]
pimenteiro (m)	қаламфурдон	[qalamfurdon]
manteigueira (f)	равғандон	[ravʁandon]
panela (f)	дегча	[degtʃa]
frigideira (f)	тоба	[toba]
concha (f)	кафлез, обгардон, сархумӣ	[kaflez], [obgardon], [sarχumi:]
bandeja (f)	лаълӣ	[la'li:]
garrafa (f)	шиша, сурохӣ	[ʃiʃa], [surohi:]
pote (m) de vidro	банкаи шишагӣ	[bankai ʃiʃagi:]
lata (~ de cerveja)	банкаи тунукагӣ	[bankai tunukagi:]
abridor (m) de garrafa	саркушояк	[sarkuʃojak]
abridor (m) de latas	саркушояк	[sarkuʃojak]
saca-rolhas (m)	пӯккашак	[pœkkaʃak]
filtro (m)	филтр	[filtr]
filtrar (vt)	полоидан	[poloidan]
lixo (m)	ахлот	[aχlot]
lixeira (f)	сатили ахлот	[satili aχlot]

92. Casa de banho

banheiro (m)	ваннахона	[vannaχona]
água (f)	об	[ob]
torneira (f)	чуммак, мил	[dʒummak], [mil]
água (f) quente	оби гарм	[obi garm]
água (f) fria	оби сард	[obi sard]
pasta (f) de dente	хамираи дандон	[χamirai dandon]

escovar os dentes	дандон шустан	[dandon ʃustan]
escova (f) de dente	чӯткаи дандоншӯй	[tʃœtkai dandonʃœi:]
barbear-se (vr)	риш гирифтан	[riʃ giriftan]
espuma (f) de barbear	кафки ришгирй	[kafki riʃgiri:]
gilete (f)	ришгирак	[riʃgirak]
lavar (vt)	шустан	[ʃustan]
tomar banho	шустушӯ кардан	[ʃustuʃœ kardan]
tomar uma ducha	ба душ даромадан	[ba duʃ daromadan]
banheira (f)	ванна	[vanna]
vaso (m) sanitário	нишастгохи халочо	[niʃastgohi χalodʒo]
pia (f)	дастшӯяк	[dastʃœjak]
sabonete (m)	собун	[sobun]
saboneteira (f)	собундон	[sobundon]
esponja (f)	исфанч	[isfandʒ]
xampu (m)	шампун	[ʃampun]
toalha (f)	сачоқ	[satʃoq]
roupão (m) de banho	халат	[χalat]
lavagem (f)	чомашӯй	[dʒomaʃœi:]
lavadora (f) de roupas	мошини чомашӯй	[moʃini dʒomaʃœi:]
lavar a roupa	чомашӯй кардан	[dʒomaʃœi: kardan]
detergente (m)	хокаи чомашӯй	[χokai dʒomaʃœi:]

93. Eletrodomésticos

televisor (m)	телевизор	[televizor]
gravador (m)	магнитафон	[magnitafon]
videogravador (m)	видеомагнитафон	[videomagnitafon]
rádio (m)	радио	[radio]
leitor (m)	плеер	[pleer]
projetor (m)	видеопроектор	[videoproektor]
cinema (m) em casa	кинотеатри хонагй	[kinoteatri χonagi:]
DVD Player (m)	DVD-монак	[εøε-monak]
amplificador (m)	қувватафзо	[quvvatafzo]
console (f) de jogos	плейстейшн	[plejsteiʃn]
câmera (f) de vídeo	видеокамера	[videokamera]
máquina (f) fotográfica	фотоаппарат	[fotoapparat]
câmera (f) digital	суратгираки рақамй	[suratgiraki raqami:]
aspirador (m)	чангкашак	[tʃangkaʃak]
ferro (m) de passar	дарзмол	[darzmol]
tábua (f) de passar	тахтаи дарзмолкунй	[taχtai darzmolkuni:]
telefone (m)	телефон	[telefon]
celular (m)	телефони мобилй	[telefoni mobili:]
máquina (f) de escrever	мошинаи хатнависй	[moʃinai χatnavisi:]
máquina (f) de costura	мошинаи чокдӯзй	[moʃinai tʃokdœzi:]

microfone (m)	микрофон	[mikrofon]
fone (m) de ouvido	гӯшак, гӯшпӯшак	[gœʃak], [gœʃpœʃak]
controle remoto (m)	пулт	[pult]
CD (m)	компакт-диск	[kompakt-disk]
fita (f) cassete	кассета	[kasseta]
disco (m) de vinil	пластинка	[plastinka]

94. Reparações. Renovação

renovação (f)	таъмир, тармим	[ta'mir], [tarmim]
renovar (vt), fazer obras	таъмир кардан	[ta'mir kardan]
reparar (vt)	таъмир кардан	[ta'mir kardan]
consertar (vt)	ба тартиб андохтан	[ba tartib andoχtan]
refazer (vt)	дубора хохтан	[dubora χoχtan]
tinta (f)	ранг	[rang]
pintar (vt)	ранг кардан	[rang kardan]
pintor (m)	рангзан, рангмол	[rangzan], [rangmol]
pincel (m)	мӯқалам	[mœqalam]
cal (f)	қабати оҳак	[qabati ohak]
caiar (vt)	сафед кардан	[safed kardan]
papel (m) de parede	зардеворӣ	[zardevori:]
colocar papel de parede	зардеворӣ часпондан	[zardevori: tʃaspondan]
verniz (m)	лок	[lok]
envernizar (vt)	лок задан	[lok zadan]

95. Canalizações

água (f)	об	[ob]
água (f) quente	оби гарм	[obi garm]
água (f) fria	оби сард	[obi sard]
torneira (f)	чуммак, мил	[dʒummak], [mil]
gota (f)	катра	[katra]
gotejar (vi)	чакидан	[tʃakidan]
vazar (vt)	чакидан	[tʃakidan]
vazamento (m)	сӯрох будан	[sœroχ budan]
poça (f)	кӯлмак	[kœlmak]
tubo (m)	қубур	[qubur]
válvula (f)	вентил	[ventil]
entupir-se (vr)	аз чирк маҳкам шудан	[az tʃirk mahkam ʃudan]
ferramentas (f pl)	асбобу анҷом	[asbobu andʒom]
chave (f) inglesa	калиди бозшаванда	[kalidi bozʃavanda]
desenroscar (vt)	тоб дода кушодан	[tob doda kuʃodan]
enroscar (vt)	тофтан, тоб додан	[toftan], [tob dodan]
desentupir (vt)	тоза кардан	[toza kardan]
encanador (m)	сантехник	[santeχnik]

| porão (m) | тахҳона | [tahχona] |
| rede (f) de esgotos | канализатсия | [kanalizatsija] |

96. Fogo. Deflagração

incêndio (m)	оташ	[otaʃ]
chama (f)	шӯъла	[ʃœ'la]
faísca (f)	шарора	[ʃarora]
tocha (f)	машъал	[maʃal]
fogueira (f)	гулхан	[gulχan]

gasolina (f)	бензин	[benzin]
querosene (m)	карасин	[karasin]
inflamável (adj)	сӯзанда	[sœzanda]
explosivo (adj)	тарканда	[tarkanda]
PROIBIDO FUMAR!	ТАМОКУ НАКАШЕД!	[tamoku nakaʃed]

segurança (f)	бехатарӣ	[beχatari:]
perigo (m)	хатар	[χatar]
perigoso (adj)	хатарнок	[χatarnok]

incendiar-se (vr)	даргирифтан	[dargiriftan]
explosão (f)	таркиш, таркидан	[tarkiʃ], [tarkidan]
incendiar (vt)	оташ задан	[otaʃ zadan]
incendiário (m)	оташзананда	[otaʃzananda]
incêndio (m) criminoso	оташ задан	[otaʃ zadan]

flamejar (vi)	аланга задан	[alanga zadan]
queimar (vi)	сӯхтан	[sœχtan]
queimar tudo (vi)	сӯхтан	[sœχtan]

chamar os bombeiros	даъват кардани сӯхторхомӯшкунҳо	[da'vat kardani sœχtorχomœʃkunho]
bombeiro (m)	сӯхторхомӯшкун	[sœχtorχomœʃkun]
caminhão (m) de bombeiros	мошини сӯхторхомӯшкунӣ	[moʃini sœχtorχomœʃkuni:]
corpo (m) de bombeiros	дастаи сӯхторхомӯшкунҳо	[dastai sœχtorχomœʃkunho]
escada (f) extensível	зинапояи дарозшаванда	[zinapojai darozʃavanda]

mangueira (f)	рӯда	[rœda]
extintor (m)	оташнишон	[otaʃniʃon]
capacete (m)	тоскулоҳ	[toskuloh]
sirene (f)	бурғу	[burʁu]

gritar (vi)	дод задан	[dod zadan]
chamar por socorro	ба ёрӣ чег задан	[ba jori: dʒɐʁ zadan]
socorrista (m)	начотдиҳанда	[nadʒotdihanda]
salvar, resgatar (vt)	начот додан	[nadʒot dodan]

chegar (vi)	расидан	[rasidan]
apagar (vt)	хомӯш кардан	[χomœʃ kardan]
água (f)	об	[ob]
areia (f)	рег	[reg]
ruínas (f pl)	харобот	[χarobot]

ruir (vi)	гумбуррос зада афтодан	[gumburros zada aftodan]
desmoronar (vi)	ғалтидан	[ʁaltidan]
desabar (vi)	чӯкидан	[tʃœkidan]
fragmento (m)	шикастпора	[ʃikastpora]
cinza (f)	хокистар	[χokistar]
sufocar (vi)	нафас гашта мурдан	[nafas gaʃta murdan]
perecer (vi)	вафот кардан	[vafot kardan]

ATIVIDADES HUMANAS

Emprego. Negócios. Parte 1

97. Banca

banco (m)	банк	[bank]
balcão (f)	шӯъба	[ʃœ'ba]
consultor (m) bancário	мушовир	[muʃovir]
gerente (m)	идоракунанда	[idorakunanda]
conta (f)	ҳисоб	[hisob]
número (m) da conta	рақами суратҳисоб	[raqami surathisob]
conta (f) corrente	ҳисоби ҷорӣ	[hisobi dʒori:]
conta (f) poupança	суратҳисоби ҷамъшаванда	[surathisobi dʒam'ʃavanda]
abrir uma conta	суратҳисоб кушодан	[surathisob kuʃodan]
fechar uma conta	бастани суратҳисоб	[bastani surathisob]
depositar na conta	ба суратҳисоб гузарондан	[ba surathisob guzarondan]
sacar (vt)	аз суратҳисоб гирифтан	[az surathisob giriftan]
depósito (m)	амонат	[amonat]
fazer um depósito	маблағ гузоштан	[mablaʁ guzoʃtan]
transferência (f) bancária	интиқоли маблағ	[intiqoli mablaʁ]
transferir (vt)	интиқол додан	[intiqol dodan]
soma (f)	маблағ	[mablaʁ]
Quanto?	Чӣ қадар?	[tʃi: qadar]
assinatura (f)	имзо	[imzo]
assinar (vt)	имзо кардан	[imzo kardan]
cartão (m) de crédito	корти кредитӣ	[korti krediti:]
senha (f)	рамз, код	[ramz], [kod]
número (m) do cartão de crédito	рақами корти кредитӣ	[raqami korti krediti:]
caixa (m) eletrônico	банкомат	[bankomat]
cheque (m)	чек	[tʃek]
passar um cheque	чек навиштан	[tʃek naviʃtan]
talão (m) de cheques	дафтарчаи чек	[daftartʃai tʃek]
empréstimo (m)	қарз	[qarz]
pedir um empréstimo	барои кредит муроҷиат кардан	[baroi kredit murodʒiat kardan]
obter empréstimo	кредит гирифтан	[kredit giriftan]
dar um empréstimo	кредит додан	[kredit dodan]
garantia (f)	кафолат, замонат	[kafolat], [zamonat]

98. Telefone. Conversação telefônica

telefone (m)	телефон	[telefon]
celular (m)	телефони мобилй	[telefoni mobili:]
secretária (f) eletrônica	худчавобгӯ	[χuddʒavobgœ]
fazer uma chamada	телефон кардан	[telefon kardan]
chamada (f)	занг	[zang]
discar um número	гирифтани рақамхо	[giriftani raqamho]
Alô!	алло, ҳа	[allo], [ha]
perguntar (vt)	пурсидан	[pursidan]
responder (vt)	чавоб додан	[dʒavob dodan]
ouvir (vt)	шунидан	[ʃunidan]
bem	хуб, наѓз	[χub], [naʁz]
mal	бад	[bad]
ruído (m)	садохои бегона	[sadohoi begona]
fone (m)	гӯшак	[gi:ʃak]
pegar o telefone	бардоштани гӯшак	[bardoʃtani gœʃak]
desligar (vi)	мондани гӯшак	[mondani gœʃak]
ocupado (adj)	банд	[band]
tocar (vi)	занг задан	[zang zadan]
lista (f) telefônica	китоби телефон	[kitobi telefon]
local (adj)	махаллй	[mahalli:]
chamada (f) local	занги махаллй	[zangi mahalli:]
de longa distância	байнишахрй	[bajniʃahri:]
chamada (f) de longa distância	занги байнишахрй	[zangi bajniʃahri:]
internacional (adj)	байналхалқй	[bajnalχalqi:]

99. Telefone móvel

celular (m)	телефони мобилй	[telefoni mobili:]
tela (f)	дисплей	[displej]
botão (m)	тугмача	[tugmatʃa]
cartão SIM (m)	сим-корт	[sim-kort]
bateria (f)	батарея	[batareja]
descarregar-se (vr)	бе заряд шудан	[be zarjad ʃudan]
carregador (m)	асбоби барқпуркунанда	[asbobi barqpurkunanda]
menu (m)	меню	[menju]
configurações (f pl)	соз кардан	[soz kardan]
melodia (f)	оханг	[ohang]
escolher (vt)	интихоб кардан	[intiχob kardan]
calculadora (f)	хисобкунак	[hisobkunak]
correio (m) de voz	худчавобгӯ	[χuddʒavobgœ]
despertador (m)	соати рӯимизии зангдор	[soati rœimizi:i zangdor]

contatos (m pl)	китоби телефон	[kitobi telefon]
mensagem (f) de texto	СМС-хабар	[sms-χabar]
assinante (m)	муштарй	[muʃtari:]

100. Estacionário

| caneta (f) | ручкаи саққочадор | [ruʧkai saqqoʧador] |
| caneta (f) tinteiro | парқалам | [parqalam] |

lápis (m)	қалам	[qalam]
marcador (m) de texto	маркер	[marker]
caneta (f) hidrográfica	фломастер	[flomaster]

| bloco (m) de notas | блокнот, дафтари ёддошт | [bloknot], [daftari jɔddoʃt] |
| agenda (f) | рӯзнома | [rœznoma] |

régua (f)	чадвал	[dʒadval]
calculadora (f)	ҳисобкунак	[hisobkunak]
borracha (f)	ластик	[lastik]
alfinete (m)	кнопка	[knopka]
clipe (m)	скрепка	[skrepka]

cola (f)	елим, шилм	[elim], [ʃilm]
grampeador (m)	степлер	[stepler]
apontador (m)	чарх	[ʧarχ]

Emprego. Negócios. Parte 2

101. Media

jornal (m)	рӯзнома	[rœznoma]
revista (f)	мачалла	[madʒalla]
imprensa (f)	матбуот	[matbuot]
rádio (m)	радио	[radio]
estação (f) de rádio	радиошунавой	[radioʃunavoi:]
televisão (f)	телевизион	[televizion]
apresentador (m)	баранда, роҳбалад	[baranda], [rohbalad]
locutor (m)	диктор	[diktor]
comentarista (m)	шореҳ	[ʃoreh]
jornalista (m)	рӯзноманигор	[rœznomanigor]
correspondente (m)	мухбир	[muχbir]
repórter (m) fotográfico	фотомухбир	[fotomuχbir]
repórter (m)	хабарнигор	[χabarnigor]
redator (m)	муҳаррир	[muharrir]
redator-chefe (m)	сармуҳаррир	[sarmuharrir]
assinar a ...	обуна шудан	[obuna ʃudan]
assinatura (f)	обуна	[obuna]
assinante (m)	обуначӣ	[obunatʃi:]
ler (vt)	хондан	[χondan]
leitor (m)	хонанда	[χonanda]
tiragem (f)	тираж	[tiraʒ]
mensal (adj)	ҳармоҳа	[harmoha]
semanal (adj)	ҳафтаина	[haftaina]
número (jornal, revista)	шумора	[ʃumora]
recente, novo (adj)	нав	[nav]
manchete (f)	сарлавҳа	[sarlavha]
pequeno artigo (m)	хабар	[χabar]
coluna (~ semanal)	сарлавҳа	[sarlavha]
artigo (m)	макола	[makola]
página (f)	саҳифа	[sahifa]
reportagem (f)	хабарнигорӣ	[χabarnigori:]
evento (festa, etc.)	воқеа, ҳодиса	[voqea], [hodisa]
sensação (f)	ҳангома	[hangoma]
escândalo (m)	чанчол	[dʒandʒol]
escandaloso (adj)	чанчолӣ	[dʒandʒoli:]
grande (adj)	овозадор	[ovozador]
programa (m)	намоиш	[namoiʃ]
entrevista (f)	мусоҳиба	[musohiba]

| transmissão (f) ao vivo | намоиши мустақим | [namoiʃi mustaqim] |
| canal (m) | канал | [kanal] |

102. Agricultura

agricultura (f)	хоҷагии қишлоқ	[χodʒagi:i qiʃloq]
camponês (m)	деҳқон	[dehqon]
camponesa (f)	деҳқонзан	[dehqonzan]
agricultor, fazendeiro (m)	фермер	[fermer]

| trator (m) | трактор | [traktor] |
| colheitadeira (f) | комбайн | [kombajn] |

arado (m)	сипор	[sipor]
arar (vt)	шудгор кардан	[ʃudgor kardan]
campo (m) lavrado	шудгор	[ʃudgor]
sulco (m)	огард, чӯяк	[ogard], [dʒœjak]

semear (vt)	коштан, коридан	[koʃtan], [koridan]
plantadeira (f)	сеялка	[sejalka]
semeadura (f)	кишт	[kiʃt]

| foice (m) | пойдос | [pojdos] |
| cortar com foice | даравидан | [daravidan] |

| pá (f) | бел | [bel] |
| cavar (vt) | каланд кардан | [kaland kardan] |

enxada (f)	каландча	[kalandtʃa]
capinar (vt)	хишова кардан	[χiʃova kardan]
erva (f) daninha	алафи бегона	[alafi begona]

regador (m)	даҳанак	[dahanak]
regar (plantas)	об мондан	[ob mondan]
rega (f)	обмонӣ	[obmoni:]

| forquilha (f) | панҷшоха, чоршоха | [pandʒʃoχa], [tʃorʃoχa] |
| ancinho (m) | хаскашак | [χaskaʃak] |

fertilizante (m)	пору	[poru]
fertilizar (vt)	пору андохтан	[poru andoχtan]
estrume, esterco (m)	пору	[poru]

campo (m)	саҳро	[sahro]
prado (m)	марғзор	[marʁzor]
horta (f)	обчакорӣ	[obtʃakori:]
pomar (m)	боғ	[boʁ]

pastar (vt)	чарондан	[tʃarondan]
pastor (m)	подабон	[podabon]
pastagem (f)	чарогоҳ	[tʃarogoh]

| pecuária (f) | чорводорӣ | [tʃorvodori:] |
| criação (f) de ovelhas | гӯсфандпарварӣ | [gœsfandparvari:] |

plantação (f)	киштзор	[kiʃtzor]
canteiro (m)	чӯя, пушта	[dʒœja], [puʃta]
estufa (f)	гармхона	[garmχona]
seca (f)	хушксолӣ, хушкӣ	[χuʃksoli:], [χuʃki:]
seco (verão ~)	хушк	[χuʃk]
grão (m)	ғалла, ғалладона	[ʁalla], [ʁalladona]
cereais (m pl)	ғалла, ғалладона	[ʁalla], [ʁalladona]
colher (vt)	ғундоштан	[ʁundoʃtan]
moleiro (m)	осиёбон	[osijɔbon]
moinho (m)	осиё	[osijɔ]
moer (vt)	орд кардан	[ord kardan]
farinha (f)	орд	[ord]
palha (f)	кох	[koh]

103. Construção. Processo de construção

canteiro (m) de obras	бинокорӣ	[binokori:]
construir (vt)	бино кардан	[bino kardan]
construtor (m)	бинокор	[binokor]
projeto (m)	лоиха	[loiha]
arquiteto (m)	меъмор	[me'mor]
operário (m)	коргар	[korgar]
fundação (f)	тахкурсӣ	[taχkursi:]
telhado (m)	бом	[bom]
estaca (f)	поя	[poja]
parede (f)	девор	[devor]
colunas (f pl) de sustentação	арматура	[armatura]
andaime (m)	чӯбу тахтаи сохтумонӣ	[tʃœbu taχtai soχtumoni:]
concreto (m)	бетон	[beton]
granito (m)	хоро	[χoro]
pedra (f)	санг	[sang]
tijolo (m)	хишт	[χiʃt]
areia (f)	рег	[reg]
cimento (m)	симон	[simon]
emboço, reboco (m)	андова	[andova]
emboçar, rebocar (vt)	андова кардан	[andova kardan]
tinta (f)	ранг	[rang]
pintar (vt)	ранг кардан	[rang kardan]
barril (m)	бочка, чалак	[botʃka], [tʃalak]
grua (f), guindaste (m)	крани борбардор	[krani borbardor]
erguer (vt)	бардоштан	[bardoʃtan]
baixar (vt)	фуровардан	[furovardan]
buldózer (m)	булдозер	[buldozer]
escavadora (f)	экскаватор	[ɛkskavator]

caçamba (f)   **хокандоз**   [χokandoz]
escavar (vt)   **кандан**   [kandan]
capacete (m) de proteção **тоскулоҳ**   [toskuloh]

Profissões e ocupações

104. Procura de emprego. Demissão

trabalho (m)	кор	[kor]
equipe (f)	кадрхо	[kadrho]
pessoal (m)	хайат	[hajat]
carreira (f)	пешравӣ дар мансаб	[peʃravi: dar mansab]
perspectivas (f pl)	дурнамо	[durnamo]
habilidades (f pl)	ҳунар	[hunar]
seleção (f)	интихоб	[intiχob]
agência (f) de emprego	шӯъбаи кадрхо	[ʃœ'bai kadrho]
currículo (m)	резюме, сивӣ	[rezjume], [sivi:]
entrevista (f) de emprego	сӯҳбат	[sœhbat]
vaga (f)	вазифаи холӣ	[vazifai χoli:]
salário (m)	музди меҳнат	[muzdi mehnat]
salário (m) fixo	моҳона	[mohona]
pagamento (m)	ҳақдиҳӣ	[haqdihi:]
cargo (m)	вазифа	[vazifa]
dever (do empregado)	вазифа	[vazifa]
gama (f) de deveres	ҳудуди вазифа	[hududi vazifa]
ocupado (adj)	серкор	[serkor]
despedir, demitir (vt)	озод кардан	[ozod kardan]
demissão (f)	аз кор холӣ шудан	[az kor χoli: ʃudan]
desemprego (m)	бекорӣ	[bekori:]
desempregado (m)	бекор	[bekor]
aposentadoria (f)	нафақа	[nafaqa]
aposentar-se (vr)	ба нафақа баромадан	[ba nafaqa baromadan]

105. Gente de negócios

diretor (m)	директор, мудир	[direktor], [mudir]
gerente (m)	идоракунанда	[idorakunanda]
patrão, chefe (m)	роҳбар, сардор	[rohbar], [sardor]
superior (m)	сардор	[sardor]
superiores (m pl)	сардорон	[sardoron]
presidente (m)	президент	[prezident]
chairman (m)	раис	[rais]
substituto (m)	ҷонишин	[dʒoniʃin]
assistente (m)	ёвар	[jɔvar]

| secretário (m) | котиб | [kotib] |
| secretário (m) pessoal | котиби шахсӣ | [kotibi ʃaχsi:] |

homem (m) de negócios	корчаллон	[kortʃallon]
empreendedor (m)	соҳибкор	[sohibkor]
fundador (m)	таъсис	[ta'sis]
fundar (vt)	таъсис кардан	[ta'sis kardan]

principiador (m)	муассис	[muassis]
parceiro, sócio (m)	шарик	[ʃarik]
acionista (m)	саҳмиядор	[sahmijador]

milionário (m)	миллионер	[millioner]
bilionário (m)	миллиардер	[milliarder]
proprietário (m)	соҳиб	[sohib]
proprietário (m) de terras	заминдор	[zamindor]

cliente (m)	мизоч, муштарӣ	[mizodʒ], [muʃtari:]
cliente (m) habitual	мизочи доимӣ	[mizodʒi doimi:]
comprador (m)	харидор, муштарӣ	[χaridor], [muʃtari:]
visitante (m)	тамошобин	[tamoʃobin]

profissional (m)	усто, устод	[usto], [ustod]
perito (m)	мумайиз	[mumajiz]
especialista (m)	мутахассис	[mutaχassis]

| banqueiro (m) | соҳиби банк | [sohibi bank] |
| corretor (m) | брокер | [broker] |

caixa (m, f)	кассир	[kassir]
contador (m)	бухгалтер	[buχʁalter]
guarda (m)	посбон	[posbon]

investidor (m)	маблағгузоранда	[mablaʁguzoranda]
devedor (m)	қарздор	[qarzdor]
credor (m)	қарздиҳанда	[qarzdihanda]
mutuário (m)	вомгир	[vomgir]

| importador (m) | воридгари мол | [voridgari mol] |
| exportador (m) | содиргар | [sodirgar] |

produtor (m)	истеҳолкунанда	[isteholkunanda]
distribuidor (m)	дистрибютор	[distribjutor]
intermediário (m)	даллол	[dallol]

consultor (m)	мушовир	[muʃovir]
representante comercial	намоянда	[namojanda]
agente (m)	агент	[agent]
agente (m) de seguros	идораи суғурта	[idorai suʁurta]

106. Profissões de serviços

| cozinheiro (m) | ошпаз | [oʃpaz] |
| chefe (m) de cozinha | сарошпаз | [saroʃpaz] |

padeiro (m)	нонвой	[nonvoj]
barman (m)	бармен	[barmen]
garçom (m)	пешхизмат	[peʃχizmat]
garçonete (f)	пешхизмат	[peʃχizmat]
advogado (m)	адвокат, ҳимоягар	[advokat], [himojagar]
jurista (m)	ҳуқуқшинос	[huquqʃinos]
notário (m)	нотариус	[notarius]
eletricista (m)	барқчӣ	[barqtʃi:]
encanador (m)	сантехник	[santeχnik]
carpinteiro (m)	дуредгар	[duredgar]
massagista (m)	масҳгар	[mashgar]
massagista (f)	маҳсгарзан	[mahsgarzan]
médico (m)	духтур	[duχtur]
taxista (m)	таксичӣ	[taksitʃi:]
condutor (automobilista)	ронанда	[ronanda]
entregador (m)	хаткашон	[χatkaʃon]
camareira (f)	пешхизмат	[peʃχizmat]
guarda (m)	посбон	[posbon]
aeromoça (f)	стюардесса	[stjuardessa]
professor (m)	муаллим	[muallim]
bibliotecário (m)	китобдор	[kitobdor]
tradutor (m)	тарчумон	[tardʒumon]
intérprete (m)	тарчумон	[tardʒumon]
guia (m)	роҳбалад	[rohbalad]
cabeleireiro (m)	сартарош	[sartaroʃ]
carteiro (m)	хаткашон	[χatkaʃon]
vendedor (m)	фурӯш	[furœʃ]
jardineiro (m)	боғбон	[boʁbon]
criado (m)	хизматгор	[χizmatgor]
criada (f)	хизматгорзан	[χizmatgorzan]
empregada (f) de limpeza	фаррошзан	[farroʃzan]

107. Profissões militares e postos

soldado (m) raso	аскари қаторӣ	[askari qatori:]
sargento (m)	сержант	[serʒant]
tenente (m)	лейтенант	[lejtenant]
capitão (m)	капитан	[kapitan]
major (m)	майор	[major]
coronel (m)	полковник	[polkovnik]
general (m)	генерал	[general]
marechal (m)	маршал	[marʃal]
almirante (m)	адмирал	[admiral]
militar (m)	ҳарбӣ, чангӣ	[harbi:], [tʃangi:]
soldado (m)	аскар	[askar]

| oficial (m) | афсар | [afsar] |
| comandante (m) | командир | [komandir] |

guarda (m) de fronteira	сарҳадбон	[sarhadbon]
operador (m) de rádio	радиочӣ	[radiotʃi:]
explorador (m)	разведкачӣ	[razvedkatʃi:]
sapador-mineiro (m)	сапёр	[sapjɔr]
atirador (m)	тирандоз	[tirandoz]
navegador (m)	штурман	[ʃturman]

108. Oficiais. Padres

| rei (m) | шоҳ | [ʃoh] |
| rainha (f) | малика | [malika] |

| príncipe (m) | шоҳзода | [ʃohzoda] |
| princesa (f) | шоҳдухтар | [ʃohduχtar] |

| czar (m) | шоҳ | [ʃoh] |
| czarina (f) | шоҳзан | [ʃohzan] |

presidente (m)	президент	[prezident]
ministro (m)	вазир	[vazir]
primeiro-ministro (m)	сарвазир	[sarvazir]
senador (m)	сенатор	[senator]

diplomata (m)	дипломат	[diplomat]
cônsul (m)	консул	[konsul]
embaixador (m)	сафир	[safir]
conselheiro (m)	мушовир	[muʃovir]

funcionário (m)	амалдор	[amaldor]
prefeito (m)	префект	[prefekt]
Presidente (m) da Câmara	мир	[mir]

| juiz (m) | довар | [dovar] |
| procurador (m) | прокурор, додситон | [prokuror], [dodsiton] |

missionário (m)	миссионер, мубаллиғ	[missioner], [muballiʁ]
monge (m)	роҳиб	[rohib]
abade (m)	аббат	[abbat]
rabino (m)	раббӣ	[rabbi:]

vizir (m)	вазир	[vazir]
xá (m)	шоҳ	[ʃoh]
xeique (m)	шайх	[ʃajχ]

109. Profissões agrícolas

abelheiro (m)	занбӯрпарвар	[zanbœrparvar]
pastor (m)	подабон	[podabon]
agrônomo (m)	агроном	[agronɔm]

| criador (m) de gado | чорводор | [ʧorvodor] |
| veterinário (m) | духтури ҳайвонот | [duχturi hajvonot] |

agricultor, fazendeiro (m)	фермер	[fermer]
vinicultor (m)	шаробсоз	[ʃarobsoz]
zoólogo (m)	зоолог	[zoolog]
vaqueiro (m)	ковбой	[kovboj]

110. Profissões artísticas

| ator (m) | ҳунарманд | [hunarmand] |
| atriz (f) | ҳунарманд | [hunarmand] |

| cantor (m) | сурудхон, ҳофиз | [surudχon], [hofiz] |
| cantora (f) | сароянда | [sarojanda] |

| bailarino (m) | рақкос | [raqqos] |
| bailarina (f) | рақкоса | [raqqosa] |

| artista (m) | ҳунарманд | [hunarmand] |
| artista (f) | ҳунарманд | [hunarmand] |

músico (m)	мусиқачӣ	[musiqatʃi:]
pianista (m)	пианинонавоз	[pianinonavoz]
guitarrista (m)	гиторчӣ	[gitortʃi:]

maestro (m)	дирижёр	[diriʒjor]
compositor (m)	композитор, бастакор	[kompozitor], [bastakor]
empresário (m)	импрессарио	[impressario]

diretor (m) de cinema	коргардон	[korgardon]
produtor (m)	продюсер	[prodjuser]
roteirista (m)	муаллифи сенарий	[muallifi senarij]
crítico (m)	мунаққид	[munaqqid]

escritor (m)	нависанда	[navisanda]
poeta (m)	шоир	[ʃoir]
escultor (m)	ҳайкалтарош	[hajkaltaroʃ]
pintor (m)	рассом	[rassom]

malabarista (m)	жонглёр	[ʒongljor]
palhaço (m)	масхарабоз	[masχaraboz]
acrobata (m)	дорбоз, акробат	[dorboz], [akrobat]
ilusionista (m)	найрангбоз	[najrangboz]

111. Várias profissões

médico (m)	духтур	[duχtur]
enfermeira (f)	ҳамшираи тиббӣ	[hamʃirai tibbi:]
psiquiatra (m)	равонпизишк	[ravonpiziʃk]
dentista (m)	дандонпизишк	[dandonpiziʃk]
cirurgião (m)	ҷарроҳ	[dʒarroh]

astronauta (m)	кайхоннавард	[kajhonnavard]
astrônomo (m)	ситорашинос	[sitoraʃinos]
piloto (m)	лётчик	[ljɔttʃik]
motorista (m)	рононда	[ronanda]
maquinista (m)	мошинист	[moʃinist]
mecânico (m)	механик	[meχanik]
mineiro (m)	конкан	[konkan]
operário (m)	коргар	[korgar]
serralheiro (m)	челонгар	[tʃelongar]
marceneiro (m)	дуредгар, наччор	[duredgar], [nadʒdʒor]
torneiro (m)	харрот	[χarrot]
construtor (m)	бинокор	[binokor]
soldador (m)	кафшергар	[kafʃergar]
professor (m)	профессор	[professor]
arquiteto (m)	меъмор	[me'mor]
historiador (m)	таърихдон	[ta'riχdon]
cientista (m)	олим	[olim]
físico (m)	физик	[fizik]
químico (m)	химик	[χimik]
arqueólogo (m)	археолог	[arχeolog]
geólogo (m)	геолог	[geolog]
pesquisador (cientista)	тахкикотчй	[tahqikottʃi:]
babysitter, babá (f)	бачабардор	[batʃabardor]
professor (m)	муаллим	[muallim]
redator (m)	мухаррир	[muharrir]
redator-chefe (m)	сармухаррир	[sarmuharrir]
correspondente (m)	мухбир	[muχbir]
datilógrafa (f)	мошинистка	[moʃinistka]
designer (m)	дизайнгар, зебосоз	[dizajngar], [zebosoz]
especialista (m) em informática	устои компютер	[ustoi kompjuter]
programador (m)	барномасоз	[barnomasoz]
engenheiro (m)	инженер	[inʒener]
marujo (m)	бахрчй	[bahrtʃi:]
marinheiro (m)	бахрчй, маллох	[bahrtʃi:], [malloh]
socorrista (m)	начотдиханда	[nadʒotdihanda]
bombeiro (m)	сухторхомушкун	[sœχtorχomœʃkun]
polícia (m)	полис	[polis]
guarda-noturno (m)	посбон	[posbon]
detetive (m)	чустучукунанда	[dʒustudʒœkunanda]
funcionário (m) da alfândega	гумрукчй	[gumruktʃi:]
guarda-costas (m)	мухофиз	[muhofiz]
guarda (m) prisional	назоратчии хабсхона	[nazorattʃi:i habsχona]
inspetor (m)	назоратчй	[nazorattʃi:]
esportista (m)	варзишгар	[varziʃgar]
treinador (m)	тренер	[trener]

açougueiro (m)	қассоб, гӯштфурӯш	[qassob], [gœʃturœʃ]
sapateiro (m)	мӯзадӯз	[mœzadœz]
comerciante (m)	савдогар, тоҷир	[savdogar], [toʤir]
carregador (m)	борбардор	[borbardor]

| estilista (m) | тарҳсоз | [tarhsoz] |
| modelo (f) | модел | [model] |

112. Ocupações. Estatuto social

| estudante (~ de escola) | мактабхон | [maktabχon] |
| estudante (~ universitária) | донишчӯ | [doniʃʤœ] |

filósofo (m)	файласуф	[fajlasuf]
economista (m)	иқтисодчй	[iqtisodʧi:]
inventor (m)	ихтироъкор	[iχtiro'kor]

desempregado (m)	бекор	[bekor]
aposentado (m)	нафақахӯр	[nafaqaχœr]
espião (m)	ҷосус	[ʤosus]

preso, prisioneiro (m)	маҳбус	[mahbus]
grevista (m)	корпарто	[korparto]
burocrata (m)	бюрократ	[bjurokrat]
viajante (m)	сайёх	[sajjɔχ]

homossexual (m)	гомосексуалист	[gomoseksualist]
hacker (m)	хакер	[χaker]
hippie (m, f)	хиппи	[χippi]

bandido (m)	роҳзан	[rohzan]
assassino (m)	қотили зархарид	[qotili zarχarid]
drogado (m)	нашъаманд	[naʃ'amand]
traficante (m)	нашъаҷаллоб	[naʃ'aʤallob]
prostituta (f)	фоҳиша	[fohiʃa]
cafetão (m)	занҷаллоб	[zanʤallob]

bruxo (m)	ҷодугар	[ʤodugar]
bruxa (f)	занаки ҷодугар	[zanaki ʤodugar]
pirata (m)	роҳзани баҳрй	[rohzani bahri:]
escravo (m)	ғулом	[ʁulom]
samurai (m)	самурай	[samuraj]
selvagem (m)	одами ваҳшй	[odami vahʃi:]

Desportos

113. Tipos de desportos. Desportistas

esportista (m)	варзишгар	[varziʃgar]
tipo (m) de esporte	намуди варзиш	[namudi varziʃ]
basquete (m)	баскетбол	[basketbol]
jogador (m) de basquete	баскетболбоз	[basketbolboz]
beisebol (m)	бейсбол	[bejsbol]
jogador (m) de beisebol	бейсболчй	[bejsboltʃi:]
futebol (m)	футбол	[futbol]
jogador (m) de futebol	футболбоз	[futbolboz]
goleiro (m)	дарвозабон	[darvozabon]
hóquei (m)	хоккей	[χokkej]
jogador (m) de hóquei	хоккейбоз	[χokkejboz]
vôlei (m)	волейбол	[volejbol]
jogador (m) de vôlei	волейболбоз	[volejbolboz]
boxe (m)	бокс	[boks]
boxeador (m)	боксёр	[boksjɔr]
luta (f)	гӯштин	[gœʃtin]
lutador (m)	гӯштингир	[gœʃtingir]
caratê (m)	карате	[karate]
carateca (m)	каратечй	[karatetʃi:]
judô (m)	дзюдо	[dzjudo]
judoca (m)	дзюдочй	[dzjudotʃi:]
tênis (m)	теннис	[tennis]
tenista (m)	теннисбоз	[tennisboz]
natação (f)	шиноварй	[ʃinovari:]
nadador (m)	шиновар	[ʃinovar]
esgrima (f)	шамшербозй	[ʃamʃerbozi:]
esgrimista (m)	шамшербоз	[ʃamʃerboz]
xadrez (m)	шоҳмот	[ʃohmot]
jogador (m) de xadrez	шоҳмотбоз	[ʃohmotboz]
alpinismo (m)	кӯҳнавардй	[kœhnavardi:]
alpinista (m)	кӯҳнавард	[kœhnavard]
corrida (f)	давидани	[davidani]

corredor (m)	даванда	[davanda]
atletismo (m)	атлетикаи сабук	[atletikai sabuk]
atleta (m)	варзишгар	[varziʃgar]
hipismo (m)	варзиши аспӣ	[varziʃi aspi:]
cavaleiro (m)	човандоз	[tʃovandoz]
patinação (f) artística	рақси рӯи ях	[raqsi rœi jaχ]
patinador (m)	раққоси рӯи ях	[raqqosi rœi jaχ]
patinadora (f)	раққосаи рӯи ях	[raqqosai rœi jaχ]
halterofilismo (m)	варзиши вазнин	[varziʃi vaznin]
halterofilista (m)	вазнабардор	[vaznabardor]
corrida (f) de carros	пойгаи мошинхо	[pojgai moʃinho]
piloto (m)	пойгачи	[pojgatʃi]
ciclismo (m)	спорти велосипедронӣ	[sporti velosipedroni:]
ciclista (m)	велосипедрон	[velosipedron]
salto (m) em distância	чаҳиш ба дарозӣ	[dʒahiʃ ba darozi:]
salto (m) com vara	чаҳиш бо хода	[dʒahiʃ bo χoda]
atleta (m) de saltos	чаҳанда	[dʒahanda]

114. Tipos de desportos. Diversos

futebol (m) americano	футболи америкой	[futboli amerikoi:]
badminton (m)	бадминтон	[badminton]
biatlo (m)	биатлон	[biatlon]
bilhar (m)	билярдбозӣ	[biljardbozi:]
bobsled (m)	бобслей	[bobslej]
musculação (f)	бодибилдинг	[bodibilding]
polo (m) aquático	тӯббозӣ дар об	[tœbbozj dar ob]
handebol (m)	гандбол	[gandbol]
golfe (m)	голф	[golf]
remo (m)	қаиқронӣ	[qaiqroni:]
mergulho (m)	дайвинг	[dajving]
corrida (f) de esqui	пойгаи лижаронхо	[pojgai liʒaronho]
tênis (m) de mesa	тенниси рӯимизӣ	[tennisi rœimizi:]
vela (f)	варзиши парусӣ	[varziʃi parusi:]
rali (m)	ралли	[ralli]
rúgbi (m)	регби	[regbi]
snowboard (m)	сноуборд	[snoubord]
arco-e-flecha (m)	камонварӣ	[kamonvari:]

115. Ginásio

barra (f)	вазна	[vazna]
halteres (m pl)	гантел	[gantel]

aparelho (m) de musculação	дастгоҳи варзишӣ	[dastgohi varziʃi:]
bicicleta (f) ergométrica	велотренажёр	[velotrenaʒjɔr]
esteira (f) de corrida	роҳи пойга	[rohi pojga]

barra (f) fixa	турник	[turnik]
barras (f pl) paralelas	брус	[brus]
cavalo (m)	асп	[asp]
tapete (m) de ginástica	гилеми варзишӣ	[gilemi varziʃi:]

corda (f) de saltar	частак	[dʒastak]
aeróbica (f)	аэробика	[aɛrobika]
ioga, yoga (f)	йога	[jɔga]

116. Desportos. Diversos

Jogos (m pl) Olímpicos	Бозиҳои олимпӣ	[bozihoi olimpi:]
vencedor (m)	ғолиб	[ʁolib]
vencer (vi)	ғалаба кардан	[ʁalaba kardan]
vencer (vi, vt)	бурдан	[burdan]

líder (m)	пешсаф	[peʃsaf]
liderar (vt)	пешсаф будан	[peʃsaf budan]

primeiro lugar (m)	ҷойи аввал	[dʒoji avval]
segundo lugar (m)	ҷойи дуюм	[dʒoji dujum]
terceiro lugar (m)	ҷойи сеюм	[dʒoji sejum]

medalha (f)	медал	[medal]
troféu (m)	ғанимат	[ʁanimat]
taça (f)	кубок	[kubok]
prêmio (m)	мукофот	[mukofot]
prêmio (m) principal	мукофоти асосӣ	[mukofoti asosi:]

recorde (m)	рекорд	[rekord]
estabelecer um recorde	рекорд нишон додан	[rekord niʃon dodan]

final (m)	финал	[final]
final (adj)	финалӣ	[finali:]

campeão (m)	чемпион	[tʃempion]
campeonato (m)	чемпионат	[tʃempionat]

estádio (m)	варзишгоҳ	[varziʃgoh]
arquibancadas (f pl)	нишастгоҳ	[niʃastgoh]
fã, torcedor (m)	мухлис	[muxlis]
adversário (m)	рақиб	[raqib]

partida (f)	пилла	[pilla]
linha (f) de chegada	марра	[marra]

derrota (f)	бохт	[boxt]
perder (vt)	бохтан	[boxtan]
árbitro, juiz (m)	довар	[dovar]
júri (m)	ҳакамон	[hakamon]

resultado (m)	ҳисоб	[hisob]
empate (m)	дуранг	[durang]
empatar (vi)	бозиро дуранг кардан	[boziro durang kardan]
ponto (m)	хол	[χol]
resultado (m) final	натиҷа	[natiʤa]

| tempo (m) | қисм | [qism] |
| intervalo (m) | танаффус | [tanaffus] |

doping (m)	допинг	[doping]
penalizar (vt)	ҷарима андохтан	[ʤarima andoχtan]
desqualificar (vt)	маҳрум кардан	[mahrum kardan]

aparelho, aparato (m)	асбобу олати варзиш	[asbobu olati varziʃ]
dardo (m)	найза	[najza]
peso (m)	гулӯла	[gulœla]
bola (f)	сакқо	[sakqo]

alvo, objetivo (m)	ҳадаф	[hadaf]
alvo (~ de papel)	ҳадаф, нишон	[hadaf], [niʃon]
disparar, atirar (vi)	тир задан	[tir zadan]
preciso (tiro ~)	аниқ	[aniq]

treinador (m)	тренер	[trener]
treinar (vt)	машқ додан	[maʃq dodan]
treinar-se (vr)	машқ кардан	[maʃq kardan]
treino (m)	машқ	[maʃq]

academia (f) de ginástica	толори варзишй	[tolori varziʃi:]
exercício (m)	машқ	[maʃq]
aquecimento (m)	гарм кардани бадан	[garm kardani badan]

Educação

117. Escola

escola (f)	мактаб	[maktab]
diretor (m) de escola	директори мактаб	[direktori maktab]
aluno (m)	талаба	[talaba]
aluna (f)	толиба	[toliba]
estudante (m)	мактабхон	[maktabχon]
estudante (f)	духтари мактабхон	[duχtari maktabχon]
ensinar (vt)	меомӯзонад	[meomœzonad]
aprender (vt)	омӯхтан	[omœχtan]
decorar (vt)	аз ёд кардан	[az jɔd kardan]
estudar (vi)	омӯхтан	[omœχtan]
estar na escola	дар мактаб хондан	[dar maktab χondan]
ir à escola	ба мактаб рафтан	[ba maktab raftan]
alfabeto (m)	алифбо	[alifbo]
disciplina (f)	фан	[fan]
sala (f) de aula	синф, дарсхона	[sinf], [darsχona]
lição, aula (f)	дарс	[dars]
recreio (m)	танаффус	[tanaffus]
toque (m)	занг	[zang]
classe (f)	парта	[parta]
quadro (m) negro	тахтаи синф	[taχtai sinf]
nota (f)	баҳо	[baho]
boa nota (f)	баҳои хуб	[bahoi χub]
nota (f) baixa	баҳои бад	[bahoi bad]
dar uma nota	баҳо гузоштан	[baho guzoʃtan]
erro (m)	хато	[χato]
errar (vi)	хато кардан	[χato kardan]
corrigir (~ um erro)	ислоҳ кардан	[isloh kardan]
cola (f)	шпаргалка	[ʃpargalka]
dever (m) de casa	вазифаи хонагӣ	[vazifai χonagi:]
exercício (m)	машқ	[maʃq]
estar presente	иштирок доштан	[iʃtirok doʃtan]
estar ausente	набудан	[nabudan]
faltar às aulas	ба дарс нарафтан	[ba dars naraftan]
punir (vt)	ҷазо додан	[dʒazo dodan]
punição (f)	ҷазо	[dʒazo]
comportamento (m)	рафтор	[raftor]

boletim (m) escolar	рӯзнома	[rœznoma]
lápis (m)	қалам	[qalam]
borracha (f)	ластик	[lastik]
giz (m)	бӯр	[bœr]
porta-lápis (m)	қаламдон	[qalamdon]

mala, pasta, mochila (f)	чузвкаш	[dʒuzvkaʃ]
caneta (f)	ручка	[rutʃka]
caderno (m)	дафтар	[daftar]
livro (m) didático	китоби дарсӣ	[kitobi darsi:]
compasso (m)	паргор	[pargor]

| traçar (vt) | нақша кашидан | [naqʃa kaʃidan] |
| desenho (m) técnico | нақша, тарх | [naqʃa], [tarh] |

poesia (f)	шеър	[ʃe'r]
de cor	аз ёд	[az jɔd]
decorar (vt)	аз ёд кардан	[az jɔd kardan]

férias (f pl)	таътил	[ta'til]
estar de férias	дар таътил будан	[dar ta'til budan]
passar as férias	таътилро гузаронидан	[ta'tilro guzaronidan]

teste (m), prova (f)	кори санчишӣ	[kori sandʒiʃi:]
redação (f)	иншо	[inʃo]
ditado (m)	диктант, имло	[diktant], [imlo]
exame (m), prova (f)	имтихон	[imtihon]
fazer prova	имтихон супоридан	[imtihon suporidan]
experiência (~ química)	тачриба, санчиш	[tadʒriba], [sandʒiʃ]

118. Colégio. Universidade

academia (f)	академия	[akademija]
universidade (f)	университет	[universitet]
faculdade (f)	факулта	[fakulta]

estudante (m)	донишчӯ	[doniʃdʒœ]
estudante (f)	донишчӯ	[doniʃdʒœ]
professor (m)	устод	[ustod]

| auditório (m) | синф | [sinf] |
| graduado (m) | хатмкунанда | [χatmkunanda] |

| diploma (m) | диплом | [diplom] |
| tese (f) | рисола | [risola] |

| estudo (obra) | тадқиқот | [tadqiqot] |
| laboratório (m) | лаборатория | [laboratorija] |

| palestra (f) | лексия | [lekcija] |
| colega (m) de curso | хамкурс | [hamkurs] |

| bolsa (f) de estudos | стипендия | [stipendija] |
| grau (m) acadêmico | унвони илмӣ | [unvoni ilmi:] |

119. Ciências. Disciplinas

matemática (f)	математика	[matematika]
álgebra (f)	алгебра, алчабр	[algebra], [aldʒabr]
geometria (f)	геометрия	[geometrija]
astronomia (f)	ситорашиносӣ	[sitoraʃinosi:]
biologia (f)	биология, илми ҳаёт	[biologija], [ilmi hajɔt]
geografia (f)	география	[geografija]
geologia (f)	геология	[geologija]
história (f)	таърих	[ta'riχ]
medicina (f)	тиб	[tib]
pedagogia (f)	омӯзгорӣ	[omœzgori:]
direito (m)	ҳуқуқ	[huquq]
física (f)	физика	[fizika]
química (f)	химия	[χimija]
filosofia (f)	фалсафа	[falsafa]
psicologia (f)	равоншиносӣ	[ravonʃinosi:]

120. Sistema de escrita. Ortografia

gramática (f)	грамматика	[grammatika]
vocabulário (m)	лексика	[leksika]
fonética (f)	савтиёт	[savtijɔt]
substantivo (m)	исм	[ism]
adjetivo (m)	сифат	[sifat]
verbo (m)	феъл	[fe'l]
advérbio (m)	зарф	[zarf]
pronome (m)	ҷонишин	[dʒoniʃin]
interjeição (f)	нидо	[nido]
preposição (f)	пешоянд	[peʃojand]
raiz (f)	решаи калима	[reʃai kalima]
terminação (f)	бандак	[bandak]
prefixo (m)	префикс	[prefiks]
sílaba (f)	ҳиҷо	[hidʒo]
sufixo (m)	суффикс	[suffiks]
acento (m)	зада	[zada]
apóstrofo (f)	апостроф	[apostrof]
ponto (m)	нуқта	[nuqta]
vírgula (f)	вергул	[vergul]
ponto e vírgula (m)	нуқтаву вергул	[nuqtavu vergul]
dois pontos (m pl)	ду нуқта	[du nuqta]
reticências (f pl)	бисёрнуқта	[bisjornuqta]
ponto (m) de interrogação	аломати савол	[alomati savol]
ponto (m) de exclamação	аломати хитоб	[alomati χitob]

aspas (f pl)	нохунак	[noχunak]
entre aspas	дар нохунак	[dar noχunak]
parênteses (m pl)	қавсхо	[qavsho]
entre parênteses	дар қавс	[dar qavs]
hífen (m)	нимтире	[nimtire]
travessão (m)	тире	[tire]
espaço (m)	масофа	[masofa]
letra (f)	ҳарф	[harf]
letra (f) maiúscula	ҳарфи калон	[harfi kalon]
vogal (f)	садонок	[sadonok]
consoante (f)	овози ҳамсадо	[ovozi hamsado]
frase (f)	чумла	[dʒumla]
sujeito (m)	мубтадо	[mubtado]
predicado (m)	хабар	[χabar]
linha (f)	сатр, хат	[satr], [χat]
em uma nova linha	аз хати нав	[az χati nav]
parágrafo (m)	сарсатр	[sarsatr]
palavra (f)	калима	[kalima]
grupo (m) de palavras	ибора	[ibora]
expressão (f)	ибора	[ibora]
sinônimo (m)	муродиф	[murodif]
antônimo (m)	антоним	[antonim]
regra (f)	қоида	[qoida]
exceção (f)	истисно	[istisno]
correto (adj)	дуруст	[durust]
conjugação (f)	тасриф	[tasrif]
declinação (f)	тасриф	[tasrif]
caso (m)	ҳолат	[holat]
pergunta (f)	савол	[savol]
sublinhar (vt)	хат кашидан	[χat kaʃidan]
linha (f) pontilhada	қаторнуқта	[qatornuqta]

121. Línguas estrangeiras

língua (f)	забон	[zabon]
estrangeiro (adj)	хоричӣ	[χoridʒi:]
língua (f) estrangeira	забони хоричӣ	[zaboni χoridʒi:]
estudar (vt)	омӯхтан	[omœχtan]
aprender (vt)	омӯхтан	[omœχtan]
ler (vt)	хондан	[χondan]
falar (vi)	гап задан	[gap zadan]
entender (vt)	фаҳмидан	[fahmidan]
escrever (vt)	навиштан	[naviʃtan]
rapidamente	босуръат	[bosur'at]
devagar, lentamente	оҳиста	[ohista]

fluentemente	озодона	[ozodona]
regras (f pl)	қоидахо	[qoidaho]
gramática (f)	грамматика	[grammatika]
vocabulário (m)	лексика	[leksika]
fonética (f)	савтиёт	[savtijɔt]

livro (m) didático	китоби дарсӣ	[kitobi darsi:]
dicionário (m)	луғат	[luʁat]
manual (m) autodidático	худомӯз	[χudomœz]
guia (m) de conversação	сӯхбатнома	[sœhbatnoma]

fita (f) cassete	кассета	[kasseta]
videoteipe (m)	видеокассета	[videokasseta]
CD (m)	CD, диски компактӣ	[ɔɛ], [diski kompakti:]
DVD (m)	DVD-диск	[ɛɒɛ-disk]

alfabeto (m)	алифбо	[alifbo]
soletrar (vt)	ҳарфакӣ гап задан	[harfaki: gap zadan]
pronúncia (f)	талаффуз	[talaffuz]

sotaque (m)	зада, аксент	[zada], [aksent]
com sotaque	бо аксент	[bo aksent]
sem sotaque	бе аксент	[be aksent]

| palavra (f) | калима | [kalima] |
| sentido (m) | маънӣ, маъно | [ma'ni:], [ma'no] |

curso (m)	курсхо, дарсхо	[kursho], [darsho]
inscrever-se (vr)	дохил шудан	[doχil ʃudan]
professor (m)	муаллим	[muallim]

tradução (processo)	тарҷума	[tardʒuma]
tradução (texto)	тарҷума	[tardʒuma]
tradutor (m)	тарҷумон	[tardʒumon]
intérprete (m)	тарҷумон	[tardʒumon]

| poliglota (m) | забондон | [zabondon] |
| memória (f) | хофиза | [hofiza] |

122. Personagens de contos de fadas

Papai Noel (m)	Бобои барфӣ	[boboi barfi:]
Cinderela (f)	Золушка	[zoluʃka]
sereia (f)	парии обӣ	[pari:i obi:]
Netuno (m)	Нептун	[neptun]

bruxo, feiticeiro (m)	сехркунанда	[sehrkunanda]
fada (f)	зани сехркунанда	[zani sehrkunanda]
mágico (adj)	... и сехрнок	[i sehrnok]
varinha (f) mágica	чӯбчаи сехрнок	[tʃœbtʃai sehrnok]

conto (m) de fadas	афсона	[afsona]
milagre (m)	мӯъҷиза	[mœ'dʒiza]
anão (m)	гном	[gnom]

transformar-se em ...	табдил ёфтан	[tabdil jɔftan]
fantasma (m)	шабаҳ	[ʃabah]
fantasma (m)	шабаҳ	[ʃabah]
monstro (m)	дев, аждар	[dev], [aʒdar]
dragão (m)	аждар, аждаҳо	[aʒdar], [aʒdaho]
gigante (m)	азимчусса	[azimdʒussa]

123. Signos do Zodíaco

Áries (f)	Ҳамал	[hamal]
Touro (m)	Савр	[savr]
Gêmeos (m pl)	Дугоник	[dugonik]
Câncer (m)	Саратон	[saraton]
Leão (m)	Асад	[asad]
Virgem (f)	Чавзо	[dʒavzo]

Libra (f)	Мизон	[mizon]
Escorpião (m)	Ақраб	[aqrab]
Sagitário (m)	қавс	[qavs]
Capricórnio (m)	Чадй	[dʒadi:]
Aquário (m)	Далв	[dalv]
Peixes (pl)	Ҳут	[hut]

caráter (m)	феъл, табиат	[fe'l], [tabiat]
traços (m pl) do caráter	нишонаҳои хислат	[niʃonahoi χislat]
comportamento (m)	хулқ	[χulq]
prever a sorte	фол дидан	[fol didan]
adivinha (f)	фолбин, фолбинзан	[folbin], [folbinzan]
horóscopo (m)	фолнома	[folnoma]

Artes

124. Teatro

teatro (m)	театр	[teatr]
ópera (f)	опера	[opera]
opereta (f)	оперетта	[operetta]
balé (m)	балет	[balet]
cartaz (m)	эълоннома	[ɛ'lonnoma]
companhia (f) de teatro	ҳайат	[hajat]
turnê (f)	сафари ҳунарӣ	[safari hunari:]
estar em turnê	сафари ҳунарӣ кардан	[safari hunari: kardan]
ensaiar (vt)	машқ кардан	[maʃq kardan]
ensaio (m)	машқ	[maʃq]
repertório (m)	репертуар	[repertuar]
apresentação (f)	намоиш, тамошо	[namoiʃ], [tamoʃo]
espetáculo (m)	тамошо	[tamoʃo]
peça (f)	намоишнома	[namoiʃnoma]
entrada (m)	билет	[bilet]
bilheteira (f)	кассаи чиптафурӯшӣ	[kassai ʧiptafurœʃi:]
hall (m)	толор	[tolor]
vestiário (m)	чевони либос	[dʒevoni libos]
senha (f) numerada	нумура	[numura]
binóculo (m)	дурбин	[durbin]
lanterninha (m)	нозир	[nozir]
plateia (f)	партер	[parter]
balcão (m)	балкон	[balkon]
primeiro balcão (m)	белэтаж	[belɛtaʒ]
camarote (m)	ложа, нишем	[loʒa], [niʃem]
fila (f)	қатор	[qator]
assento (m)	чой	[dʒoj]
público (m)	тамошобинон	[tamoʃobinon]
espectador (m)	тамошобин	[tamoʃobin]
aplaudir (vt)	чапакзанӣ кардан	[ʧapakzani: kardan]
aplauso (m)	чапакзанӣ	[ʧapakzani:]
ovação (f)	чапакзани пурғулғула	[ʧapakzani purʁulʁula]
palco (m)	саҳна	[sahna]
cortina (f)	парда	[parda]
cenário (m)	ороиши саҳна	[oroiʃi sahna]
bastidores (m pl)	пушти саҳна	[puʃti sahna]
cena (f)	намоиш	[namoiʃ]
ato (m)	парда	[parda]
intervalo (m)	антракт	[antrakt]

125. Cinema

ator (m)	ҳунарманд	[hunarmand]
atriz (f)	ҳунарманд	[hunarmand]
cinema (m)	кино, синамо	[kino], [sinamo]
filme (m)	филм	[film]
episódio (m)	серия	[serija]
filme (m) policial	детектив	[detektiv]
filme (m) de ação	чангӣ	[dʒangi:]
filme (m) de aventuras	филми пурмочаро	[filmi purmodʒaro]
filme (m) de ficção científica	филми фантастикӣ	[filmi fantastiki:]
filme (m) de horror	филми даҳшатнок	[filmi dahʃatnok]
comédia (f)	филми ҳачвӣ	[filmi hadʒvi:]
melodrama (m)	мелодрама	[melodrama]
drama (m)	драма	[drama]
filme (m) de ficção	филми ҳунарӣ	[filmi hunari:]
documentário (m)	филми ҳуччатӣ	[filmi hudʒdʒati:]
desenho (m) animado	мултфилм	[multfilm]
cinema (m) mudo	synони беовоз	[kinoi beovoz]
papel (m)	нақш	[naqʃ]
papel (m) principal	нақши асосӣ	[naqʃi asosi:]
representar (vt)	бозидан	[bozidan]
estrela (f) de cinema	ситораи санъати кино	[sitorai san'ati kino]
conhecido (adj)	маъруф	[ma'ruf]
famoso (adj)	машхур	[maʃhur]
popular (adj)	маъруф	[ma'ruf]
roteiro (m)	филмнома	[filmnoma]
roteirista (m)	муаллифи сенарий	[muallifi senarij]
diretor (m) de cinema	коргардон	[korgardon]
produtor (m)	продюсер	[prodjuser]
assistente (m)	ассистент	[assistent]
diretor (m) de fotografia	филмбардор	[filmbardor]
dublê (m)	каскадёр	[kaskadjɔr]
dublê (m) de corpo	дублёр	[dubljɔr]
filmar (vt)	филм гирифтан	[film giriftan]
audição (f)	санчиш	[sandʒiʃ]
filmagem (f)	суратгирӣ	[suratgiri:]
equipe (f) de filmagem	гурӯҳи наворбардорон	[gurœhi navorbardoron]
set (m) de filmagem	саҳнаи наворбардорӣ	[sahnai navorbardori:]
câmera (f)	камераи киногирӣ	[kamerai kinogiri:]
cinema (m)	кинотеатр	[kinoteatr]
tela (f)	экран	[ɛkran]
exibir um filme	филм намоиш додан	[film namoiʃ dodan]
trilha (f) sonora	мавчи садо	[mavdʒi sado]
efeitos (m pl) especiais	эффектҳои махсус	[ɛffekthoi maχsus]

legendas (f pl)	субтитрҳо	[subtitrho]
crédito (m)	титрҳо	[titrho]
tradução (f)	тарҷума	[tardʒuma]

126. Pintura

arte (f)	санъат	[san'at]
belas-artes (f pl)	саноеи нафиса	[sanoei nafisa]
galeria (f) de arte	нигористон	[nigoriston]
exibição (f) de arte	намоишгоҳи расмҳо	[namoiʃgohi rasmho]

pintura (f)	рассомӣ	[rassomi:]
arte (f) gráfica	графика	[grafika]
arte (f) abstrata	абстрактсионизм	[abstraktsionizm]
impressionismo (m)	импрессионизм	[impressionizm]

pintura (f), quadro (m)	расм	[rasm]
desenho (m)	расм	[rasm]
cartaz, pôster (m)	плакат	[plakat]

ilustração (f)	расм, сурат	[rasm], [surat]
miniatura (f)	миниатюра	[miniatjura]
cópia (f)	нусха	[nusχa]
reprodução (f)	нусхаи чопии сурат	[nusχai tʃopi:i surat]

mosaico (m)	кошинкорӣ	[koʃinkori:]
vitral (m)	витраж	[vitraʒ]
afresco (m)	фреска	[freska]
gravura (f)	расми кандакорӣ	[rasmi kandakori:]

busto (m)	бюст	[bjust]
escultura (f)	ҳайкал	[hajkal]
estátua (f)	ҳайкал	[hajkal]
gesso (m)	гач	[gatʃ]
em gesso (adj)	аз гач	[az gatʃ]

retrato (m)	портрет	[portret]
autorretrato (m)	автопортрет	[avtoportret]
paisagem (f)	манзара	[manzara]
natureza (f) morta	натюрморт	[natjurmort]
caricatura (f)	карикатура	[karikatura]
esboço (m)	қайдҳои хомакӣ	[qajdhoi χomaki:]

tinta (f)	ранг	[rang]
aquarela (f)	акварел	[akvarel]
tinta (f) a óleo	равған	[ravʁan]
lápis (m)	қалам	[qalam]
tinta (f) nanquim	туш	[tuʃ]
carvão (m)	сиёҳқалам	[sijohqalam]

desenhar (vt)	расм кашидан	[rasm kaʃidan]
pintar (vt)	расм кашидан	[rasm kaʃidan]
posar (vi)	ба таври махсус истодан	[ba tavri maχsus istodan]
modelo (m)	марди модел	[mardi model]

modelo (f)	зани модел	[zani model]
pintor (m)	рассом	[rassom]
obra (f)	асар	[asar]
obra-prima (f)	шоҳасар	[ʃohasar]
estúdio (m)	коргоҳи рассом	[korgohi rassom]
tela (f)	холст	[χolst]
cavalete (m)	сепояи рассомӣ	[sepojai rassomi:]
paleta (f)	лавҳачаи рассомӣ	[lavhatʃai rassomi:]
moldura (f)	чорчӯба	[tʃortʃœba]
restauração (f)	таъмир	[ta'mir]
restaurar (vt)	таъмир кардан	[ta'mir kardan]

127. Literatura & Poesia

literatura (f)	адабиёт	[adabijot]
autor (m)	муаллиф	[muallif]
pseudônimo (m)	тахаллус	[taχallus]
livro (m)	китоб	[kitob]
volume (m)	чилд	[dʒild]
índice (m)	мундарича	[mundaridʒa]
página (f)	саҳифа	[sahifa]
protagonista (m)	қаҳрамони асосӣ	[qahramoni asosi:]
autógrafo (m)	автограф	[avtograf]
conto (m)	ҳикоя, ҳикоят	[hikoja], [hikojat]
novela (f)	нақл	[naql]
romance (m)	роман	[roman]
obra (f)	асар	[asar]
fábula (m)	масал, матал	[masal], [matal]
romance (m) policial	детектив	[detektiv]
verso (m)	шеър	[ʃe'r]
poesia (f)	назм	[nazm]
poema (m)	достон	[doston]
poeta (m)	шоир	[ʃoir]
ficção (f)	адабиёти мансур	[adabijoti mansur]
ficção (f) científica	фантастикаи илмӣ	[fantastikai ilmi:]
aventuras (f pl)	саргузаштҳо	[sarguzaʃtho]
literatura (f) didática	адабиёти таълимӣ	[adabijoti ta'limi:]
literatura (f) infantil	адабиёти кӯдакона	[adabijoti kœdakona]

128. Circo

circo (m)	сирк	[sirk]
circo (m) ambulante	сирки шапито	[sirki ʃapito]
programa (m)	барнома	[barnoma]
apresentação (f)	намоиш, тамошо	[namoiʃ], [tamoʃo]
número (m)	баромад	[baromad]

picadeiro (f)	саҳнаи сирк	[sahnai sirk]
pantomima (f)	пантомима	[pantomima]
palhaço (m)	масхарабоз	[masχaraboz]

acrobata (m)	дорбоз, акробат	[dorboz], [akrobat]
acrobacia (f)	дорбоза, акробатика	[dorboza], [akrobatika]
ginasta (m)	гимнаст	[gimnast]
ginástica (f)	гимнастика	[gimnastika]
salto (m) mortal	салто	[salto]

homem (m) forte	паҳлавон	[pahlavon]
domador (m)	ромкунанда, дастомӯз кунанда	[romkunanda], [dastomœz kunanda]
cavaleiro (m) equilibrista	човандоз	[t͡ʃovandoz]
assistente (m)	ассистент	[assistent]

truque (m)	найранг, хила	[najrang], [hila]
truque (m) de mágica	найрангбозй	[najrangbozi:]
ilusionista (m)	найрангбоз	[najrangboz]

malabarista (m)	жонглёр	[ʒongljɔr]
fazer malabarismos	жонглёрй кардан	[ʒongljɔrj kardan]
adestrador (m)	ромкунанда	[romkunanda]
adestramento (m)	ром кардан	[rom kardan]
adestrar (vt)	ром кардан	[rom kardan]

129. Música. Música popular

música (f)	мусиқй	[musiqi:]
músico (m)	мусиқачй	[musiqat͡ʃi:]
instrumento (m) musical	асбоби мусиқй	[asbobi musiqi:]
tocar ...	навохтан	[navoχtan]

guitarra (f)	гитара	[gitara]
violino (m)	скрипка	[skripka]
violoncelo (m)	виолончел	[violont͡ʃel]
contrabaixo (m)	контрабас	[kontrabas]
harpa (f)	уд	[ud]

piano (m)	пианино	[pianino]
piano (m) de cauda	роял	[rojal]
órgão (m)	арғунун	[arʁunun]

oboé (m)	гобой, сурнай	[goboj], [surnaj]
saxofone (m)	саксофон	[saksofon]
clarinete (m)	кларнет, сурнай	[klarnet], [surnaj]
flauta (f)	най	[naj]
trompete (m)	карнай	[karnaj]

acordeão (m)	аккордеон	[akkordeon]
tambor (m)	накора, табл	[nakora], [tabl]

trio (m)	трио	[trio]
quarteto (m)	квартет	[kvartet]

| coro (m) | хор | [χor] |
| orquestra (f) | оркестр | [orkestr] |

música (f) pop	поп-мусиқӣ	[pop-musiqi:]
música (f) rock	рок-мусиқӣ	[rok-musiqi:]
grupo (m) de rock	рок-даста	[rok-dasta]
jazz (m)	ҷаз	[dʒaz]

| ídolo (m) | бут, санам | [but], [sanam] |
| fã, admirador (m) | мухлис | [muχlis] |

concerto (m)	консерт	[konsert]
sinfonia (f)	симфония	[simfonija]
composição (f)	тасниф	[tasnif]
compor (vt)	навиштан	[naviʃtan]

canto (m)	овозхонӣ	[ovozχoni:]
canção (f)	суруд	[surud]
melodia (f)	оҳанг	[ohang]
ritmo (m)	вазн, усул	[vazn], [usul]
blues (m)	блюз	[bljuz]

notas (f pl)	нотаҳо	[notaho]
batuta (f)	чӯбчаи дирижёрӣ	[tʃœbtʃai diriʒjori:]
arco (m)	камонча	[kamontʃa]
corda (f)	тор	[tor]
estojo (m)	ғилоф	[ʁilof]

119

Descanso. Entretenimento. Viagens

130. Viagens

turismo (m)	туризм, саёхат	[turizm], [sajɔχat]
turista (m)	саёхатчй	[sajɔhattʃi:]
viagem (f)	саёхат	[sajɔhat]
aventura (f)	саргузашт	[sarguzaʃt]
percurso (curta viagem)	сафар	[safar]
férias (f pl)	рухсатй	[ruχsati:]
estar de férias	дар рухсатй будан	[dar ruχsati: budan]
descanso (m)	истирохат	[istirohat]
trem (m)	поезд, қатор	[poezd], [qator]
de trem (chegar ~)	бо қатора	[bo qatora]
avião (m)	ҳавопаймо	[havopajmo]
de avião	бо ҳавопаймо	[bo havopajmo]
de carro	бо мошин	[bo moʃin]
de navio	бо киштй	[bo kiʃti:]
bagagem (f)	баѓоҷ, бор	[baʁodʒ], [bor]
mala (f)	чомадон	[dʒomadon]
carrinho (m)	аробаи боѓочкашй	[arobai boʁotʃkaʃi:]
passaporte (m)	шиносснома	[ʃinosnoma]
visto (m)	виза	[viza]
passagem (f)	билет	[bilet]
passagem (f) aérea	чиптаи ҳавопаймо	[tʃiptai havopajmo]
guia (m) de viagem	роҳнома	[rohnoma]
mapa (m)	харита	[χarita]
área (f)	чой, маҳал	[dʒoj], [mahal]
lugar (m)	чой	[dʒoj]
exotismo (m)	ѓароибот	[ʁaroibot]
exótico (adj)	… и ѓароиб	[i ʁaroib]
surpreendente (adj)	ҳайратангез	[hajratangez]
grupo (m)	гурӯҳ	[gurœh]
excursão (f)	экскурсия, саёхат	[ɛkskursija], [sajɔhat]
guia (m)	роҳбари экскурсия	[rohbari ɛkskursija]

131. Hotel

hotel (m)	меҳмонхона	[mehmonχona]
motel (m)	меҳмонхона	[mehmonχona]
três estrelas	се ситорадор	[se sitorador]

cinco estrelas	панҷ ситорадор	[pandʒ sitorador]
ficar (vi, vt)	фуромадан	[furomadan]
quarto (m)	ҳуҷра	[hudʒra]
quarto (m) individual	ҳуҷраи якнафара	[hudʒrai jaknafara]
quarto (m) duplo	ҳуҷраи дунафара	[hudʒrai dunafara]
reservar um quarto	банд кардани ҳуҷра	[band kardani hudʒra]
meia pensão (f)	бо нимтаъминот	[bo nimta'minot]
pensão (f) completa	бо таъминоти пурра	[bo ta'minoti purra]
com banheira	ваннадор	[vannador]
com chuveiro	душдор	[duʃdor]
televisão (m) por satélite	телевизиони спутникӣ	[televizioni sputniki:]
ar (m) condicionado	кондитсионер	[konditsioner]
toalha (f)	сачоқ	[satʃoq]
chave (f)	калид	[kalid]
administrador (m)	маъмур, мудир	[ma'mur], [mudir]
camareira (f)	пешхизмат	[peʃxizmat]
bagageiro (m)	ҳаммол	[hammol]
porteiro (m)	дарбони меҳмонхона	[darboni mehmonxona]
restaurante (m)	тарабхона	[tarabxona]
bar (m)	бар	[bar]
café (m) da manhã	ноништа	[noniʃta]
jantar (m)	шом	[ʃom]
bufê (m)	мизи шведӣ	[mizi ʃvedi:]
saguão (m)	миёнсарой	[mijɔnsaroj]
elevador (m)	лифт	[lift]
NÃO PERTURBE	ХАЛАЛ НАРАСОНЕД	[xalal narasoned]
PROIBIDO FUMAR!	ТАМОКУ НАКАШЕД!	[tamoku nakaʃed]

132. Livros. Leitura

livro (m)	китоб	[kitob]
autor (m)	муаллиф	[muallif]
escritor (m)	нависанда	[navisanda]
escrever (~ um livro)	навиштан	[naviʃtan]
leitor (m)	хонанда	[xonanda]
ler (vt)	хондан	[xondan]
leitura (f)	хониш	[xoniʃ]
para si	ба дили худ	[ba dili xud]
em voz alta	бо овози баланд	[bo ovozi baland]
publicar (vt)	нашр кардан	[naʃr kardan]
publicação (f)	нашр	[naʃr]
editor (m)	ношир	[noʃir]
editora (f)	нашриёт	[naʃrijɔt]
sair (vi)	нашр шудан	[naʃr ʃudan]

| lançamento (m) | аз чоп баромадани | [az tʃop baromadani] |
| tiragem (f) | адади нашр | [adadi naʃr] |

| livraria (f) | маѓозаи китоб | [maʁozai kitob] |
| biblioteca (f) | китобхона | [kitobχona] |

novela (f)	нақл	[naql]
conto (m)	ҳикоя, ҳикоят	[hikoja], [hikojat]
romance (m)	роман	[roman]
romance (m) policial	детектив	[detektiv]

memórias (f pl)	хотираҳо	[χotiraho]
lenda (f)	афсона	[afsona]
mito (m)	асотир, қисса	[asotir], [qissa]

poesia (f)	шеърҳо	[ʃe'rho]
autobiografia (f)	тарчумаи ҳоли худ, автобиография	[tardʒumai holi χud], [avtobiografija]
obras (f pl) escolhidas	асарҳои мунтахаб	[asarhoi muntaχab]
ficção (f) científica	фантастика	[fantastika]

título (m)	ном	[nom]
introdução (f)	муқаддима	[muqaddima]
folha (f) de rosto	варақаи унвон	[varaqai unvon]

capítulo (m)	чузъи китоб	[dʒuz'i kitob]
excerto (m)	порча	[portʃa]
episódio (m)	лавҳа	[lavha]

enredo (m)	сюжет	[sjuʒet]
conteúdo (m)	мундарича	[mundaridʒa]
índice (m)	мундарича	[mundaridʒa]
protagonista (m)	қаҳрамони асосӣ	[qahramoni asosi:]

volume (m)	чилд	[dʒild]
capa (f)	мукова	[mukova]
encadernação (f)	мукова	[muqova]
marcador (m) de página	хатчӯб, чӯбалиф	[χattʃœb], [tʃœbalif]

página (f)	саҳифа	[sahifa]
folhear (vt)	варак задан	[varak zadan]
margem (f)	ҳошия	[hoʃija]
anotação (f)	нишона	[niʃona]
nota (f) de rodapé	поварақ	[povaraq]

texto (m)	матн	[matn]
fonte (f)	ҳуруф	[huruf]
falha (f) de impressão	саҳв, ѓалат	[sahv], [ʁalat]

tradução (f)	тарчума	[tardʒuma]
traduzir (vt)	тарчума кардан	[tardʒuma kardan]
original (m)	матни асл	[matni asl]

famoso (adj)	машхур	[maʃhur]
desconhecido (adj)	номаъруф	[noma'ruf]
interessante (adj)	шавқовар	[ʃavqovar]

best-seller (m)	бестселлер	[bestseller]
dicionário (m)	луғат	[luʁat]
livro (m) didático	китоби дарсӣ	[kitobi darsi:]
enciclopédia (f)	энсиклопедия	[ɛnsiklopedija]

133. Caça. Pesca

caça (f)	шикор, сайд	[ʃikor], [sajd]
caçar (vi)	шикор кардан	[ʃikor kardan]
caçador (m)	шикорчӣ	[ʃikortʃi:]

disparar, atirar (vi)	тир задан	[tir zadan]
rifle (m)	милтиқ	[miltiq]
cartucho (m)	тир	[tir]
chumbo (m) de caça	сочма	[sotʃma]

armadilha (f)	қапқон	[qapqon]
armadilha (com corda)	дом	[dom]
cair na armadilha	ба қапқон афтодан	[ba qapqon aftodan]
pôr a armadilha	қапқон мондан	[qapqon mondan]

caçador (m) furtivo	кӯруқшикан	[qœruqʃikan]
caça (animais)	сайд	[sajd]
cão (m) de caça	саги шикорӣ	[sagi ʃikori:]
safári (m)	сафари	[safari]
animal (m) empalhado	хӯса	[χœsa]

pescador (m)	моҳигир	[mohigir]
pesca (f)	моҳигирӣ	[mohigiri:]
pescar (vt)	моҳӣ гирифтан	[mohi: giriftan]

vara (f) de pesca	шаст	[ʃast]
linha (f) de pesca	ресмони шаст	[resmoni ʃast]
anzol (m)	қалмок	[qalmok]
boia (f), flutuador (m)	ғаммозак	[ʁammozak]
isca (f)	хӯрхӯрак	[χœrχœrak]

| lançar a linha | шаст партофтан | [ʃast partoftan] |
| morder (peixe) | нул задан | [nul zadan] |

| pesca (f) | сайди моҳӣ | [sajdi mohi:] |
| buraco (m) no gelo | яхбурча | [jaχburtʃa] |

| rede (f) | тӯр | [tœr] |
| barco (m) | қаиқ | [qaiq] |

pescar com rede	бо тӯр доштан	[bo tœr doʃtan]
lançar a rede	тӯр партофтан	[tœr partoftan]
puxar a rede	тӯр кашидан	[tœr kaʃidan]
cair na rede	ба тӯр афтодан	[ba tœr aftodan]

baleeiro (m)	шикори китҳо	[ʃikori kitho]
baleeira (f)	киштии шикори китҳо	[kiʃti:i ʃikori kitho]
arpão (m)	соскан	[soskan]

134. Jogos. Bilhar

bilhar (m)	билярдбозй	[biljardbozi:]
sala (f) de bilhar	толори саққобозй	[tolori saqqobozi:]
bola (f) de bilhar	саққо	[saqqo]
embolsar uma bola	даровардани саққо	[darovardani saqqo]
taco (m)	кий	[kij]
caçapa (f)	тӯрхалтаи билярд	[tœrχaltai biljard]

135. Jogos. Jogar cartas

ouros (m pl)	қартаҳои хишт	[qartahoi χiʃt]
espadas (f pl)	қарамашшоқ	[qaramaʃʃoq]
copas (f pl)	дил	[dil]
paus (m pl)	қартаҳои чилликхол	[qartahoi ʧillikχol]
ás (m)	зот	[zot]
rei (m)	шоҳ	[ʃoh]
dama (f), rainha (f)	модка	[modka]
valete (m)	валет	[valet]
carta (f) de jogar	картаи бозй	[kartai bozi:]
cartas (f pl)	қарта	[qarta]
trunfo (m)	кузур	[kuzur]
baralho (m)	дастаи қарта	[dastai qarta]
ponto (m)	хол	[χol]
dar, distribuir (vt)	кашидан	[kaʃidan]
embaralhar (vt)	тагу рӯ кардан	[tagu rœ kardan]
vez, jogada (f)	гашт	[gaʃt]
trapaceiro (m)	қаллоб, ғиром	[qallob], [ʁirom]

136. Descanso. Jogos. Diversos

passear (vi)	сайр кардан	[sajr kardan]
passeio (m)	гардиш, гашт	[gardiʃ], [gaʃt]
viagem (f) de carro	сайрон	[sajron]
aventura (f)	саргузашт	[sarguzaʃt]
piquenique (m)	пикник	[piknik]
jogo (m)	бозй	[bozi:]
jogador (m)	бозингар	[bozingar]
partida (f)	як бор бозй	[jak bor bozi:]
colecionador (m)	коллексионер	[kolleksioner]
colecionar (vt)	коллексия кардан	[kolleksija kardan]
coleção (f)	коллексия	[kolleksija]
palavras (f pl) cruzadas	кроссворд	[krossvord]
hipódromo (m)	ипподром	[ippodrom]

discoteca (f)	дискотека	[diskoteka]
sauna (f)	сауна, ҳаммом	[sauna], [hammom]
loteria (f)	лотерея	[lotereja]

campismo (m)	роҳпаймой	[rohpajmoi:]
acampamento (m)	лагер	[lager]
barraca (f)	хаймаи сайёҳон	[χajmai sajjɔhon]
bússola (f)	компас, қутбнамо	[kompas], [qutbnamo]
campista (m)	сайёҳ, турист	[sajjɔh], [turist]

ver (vt), assistir à ...	нигоҳ кардан	[nigoh kardan]
telespectador (m)	бинанда	[binanda]
programa (m) de TV	теленамоиш	[telenamoiʃ]

137. Fotografia

| máquina (f) fotográfica | фотоаппарат | [fotoapparat] |
| foto, fotografia (f) | акс, сурат | [aks], [surat] |

fotógrafo (m)	суратгир	[suratgir]
estúdio (m) fotográfico	фотостудия	[fotostudija]
álbum (m) de fotografias	албоми сурат	[albomi surat]

lente (f) fotográfica	объектив	[ob'ektiv]
lente (f) teleobjetiva	телеобъектив	[teleob'ektiv]
filtro (m)	филтр	[filtr]
lente (f)	линза	[linza]

ótica (f)	оптика	[optika]
abertura (f)	диафрагма	[diafragma]
exposição (f)	дошт	[doʃt]
visor (m)	манзарачӯ	[manzaradʒœ]
câmera (f) digital	суратгираки рақамӣ	[suratgiraki raqami:]
tripé (m)	поя	[poja]
flash (m)	чароғак	[tʃaroʁak]

fotografar (vt)	сурат гирифтан	[surat giriftan]
tirar fotos	сурат гирифтан	[surat giriftan]
fotografar-se (vr)	сурати худро гирондан	[surati χudro girondan]

| foco (m) | фокус | [fokus] |
| focar (vt) | ба рангҳои баланд мондан | [ba ranghoi baland mondan] |

| nítido (adj) | баланд | [baland] |
| nitidez (f) | баланди ранг | [balandi rang] |

| contraste (m) | акс | [aks] |
| contrastante (adj) | возеҳ | [vozeh] |

retrato (m)	сурат	[surat]
negativo (m)	негатив	[negativ]
filme (m)	фотонавор	[fotonavor]
fotograma (m)	кадр	[kadr]
imprimir (vt)	чоп кардан	[tʃop kardan]

138. Praia. Natação

praia (f)	пляж	[plja3]
areia (f)	рег	[reg]
deserto (adj)	хилват	[χilvat]
bronzeado (m)	офтобхӯрӣ	[oftobχœri:]
bronzear-se (vr)	гандумгун шудан	[gandumgun ʃudan]
bronzeado (adj)	гандумгун	[gandumgun]
protetor (m) solar	креми офтобхӯрӣ	[kremi oftobχœri:]
biquíni (m)	бикини	[bikini]
maiô (m)	либоси оббозӣ	[libosi obbozi:]
calção (m) de banho	плавка	[plavka]
piscina (f)	ҳавз	[havz]
nadar (vi)	шино кардан	[ʃino kardan]
mudar, trocar (vt)	либоси дигар пӯшидан	[libosi digar pœʃidan]
toalha (f)	сачоқ	[satʃoq]
barco (m)	қаиқ	[qaiq]
lancha (f)	катер	[kater]
esqui (m) aquático	лижаҳои обӣ	[liʒahoi obi:]
barco (m) de pedais	велосипеди обӣ	[velosipedi obi:]
surf, surfe (m)	серфинг	[serfing]
surfista (m)	серфингчӣ	[serfingtʃi:]
equipamento (m) de mergulho	акваланг	[akvalang]
pé (m pl) de pato	ластхо	[lastho]
máscara (f)	ниқоб	[niqob]
mergulhador (m)	ғӯтазан	[ʁœtazan]
mergulhar (vi)	ғӯта задан	[ʁœta zadan]
debaixo d'água	таги об	[tagi ob]
guarda-sol (m)	чатр	[tʃatr]
espreguiçadeira (f)	шезлонг	[ʃezlong]
óculos (m pl) de sol	айнаки сиёҳ	[ajnaki sijoh]
colchão (m) de ar	матраси оббозӣ	[matrasi obbozi:]
brincar (vi)	бозӣ кардан	[bozi: kardan]
ir nadar	оббозӣ кардан	[obbozi: kardan]
bola (f) de praia	тӯб	[tœb]
encher (vt)	дам кардан	[dam kardan]
inflável (adj)	дамшаванда	[damʃavanda]
onda (f)	мавҷ	[mavdʒ]
boia (f)	шиноварак	[ʃinovarak]
afogar-se (vr)	ғарк шудан	[ʁark ʃudan]
salvar (vt)	наҷот додан	[nadʒot dodan]
colete (m) salva-vidas	камзӯли наҷотдиҳанда	[kamzœli nadʒotdihanda]
observar (vt)	назорат кардан	[nazorat kardan]
salva-vidas (pessoa)	наҷотдиҳанда	[nadʒotdihanda]

EQUIPAMENTO TÉCNICO. TRANSPORTES

Equipamento técnico. Transportes

139. Computador

computador (m)	компютер	[kompjuter]
computador (m) portátil	ноутбук	[noutbuk]
ligar (vt)	даргирондан	[dargirondan]
desligar (vt)	куштан	[kuʃtan]
teclado (m)	клавиатура	[klaviatura]
tecla (f)	тугмача	[tugmatʃa]
mouse (m)	муш	[muʃ]
tapete (m) para mouse	гилемчаи муш	[gilemtʃai muʃ]
botão (m)	тугмача	[tugmatʃa]
cursor (m)	курсор	[kursor]
monitor (m)	монитор	[monitor]
tela (f)	экран	[ɛkran]
disco (m) rígido	диски сахт	[diski saχt]
capacidade (f) do disco rígido	ҳаҷми диски сахт	[hadʒmi diski saχt]
memória (f)	ҳофиза	[hofiza]
memória RAM (f)	хотираи фаврӣ	[χotirai favri:]
arquivo (m)	файл	[fajl]
pasta (f)	папка	[papka]
abrir (vt)	кушодан	[kuʃodan]
fechar (vt)	пӯшидан, бастан	[pœʃidan], [bastan]
salvar (vt)	нигоҳ доштан	[nigoh doʃtan]
deletar (vt)	нобуд кардан	[nobud kardan]
copiar (vt)	нусха бардоштан	[nusχa bardoʃtan]
ordenar (vt)	ба хелҳо чудо кардан	[ba χelho dʒudo kardan]
copiar (vt)	аз нав навиштан	[az nav naviʃtan]
programa (m)	барнома	[barnoma]
software (m)	барномаи таъминотӣ	[barnomai ta'minoti:]
programador (m)	барномасоз	[barnomasoz]
programar (vt)	барномасозӣ кардан	[barnomasozi: kardan]
hacker (m)	хакер	[χaker]
senha (f)	рамз	[ramz]
vírus (m)	вирус	[virus]
detectar (vt)	кашф кардан	[kaʃf kardan]
byte (m)	байт	[bajt]

megabyte (m)	мегабайт	[megabajt]
dados (m pl)	маълумот	[ma'lumot]
base (f) de dados	манбаи маълумот	[manbai ma'lumot]

cabo (m)	кабел	[kabel]
desconectar (vt)	чудо кардан	[ʤudo kardan]
conectar (vt)	васл кардан	[vasl kardan]

140. Internet. E-mail

internet (f)	интернет	[internet]
browser (m)	браузер	[brauzer]
motor (m) de busca	манбаи ҷустуҷӯкунанда	[manbai ʤustuʤœkunanda]
provedor (m)	провайдер	[provajder]

webmaster (m)	веб-мастер	[veb-master]
website (m)	веб-сомона	[veb-somona]
web page (f)	веб-саҳифа	[veb-sahifa]

| endereço (m) | адрес, унвон | [adres], [unvon] |
| livro (m) de endereços | дафтари адресхо | [daftari adresho] |

caixa (f) de correio	қуттии почта	[qutti:i potʃta]
correio (m)	почта	[potʃta]
cheia (caixa de correio)	пур	[pur]

mensagem (f)	хабар	[xabar]
mensagens (f pl) recebidas	хабари дароянда	[xabari darojanda]
mensagens (f pl) enviadas	хабари бароянда	[xabari barojanda]

remetente (m)	ирсолкунанда	[irsolkunanda]
enviar (vt)	ирсол кардан	[irsol kardan]
envio (m)	ирсол	[irsol]

| destinatário (m) | гиранда | [giranda] |
| receber (vt) | гирифтан | [giriftan] |

| correspondência (f) | мукотиба | [mukotiba] |
| corresponder-se (vr) | мукотиба доштан | [mukotiba doʃtan] |

arquivo (m)	файл	[fajl]
fazer download, baixar (vt)	нусха бардоштан	[nusxa bardoʃtan]
criar (vt)	сохтан	[soxtan]
deletar (vt)	нобуд кардан	[nobud kardan]
deletado (adj)	нобудшуда	[nobudʃuda]

conexão (f)	алоқа	[aloqa]
velocidade (f)	суръат	[sur'at]
modem (m)	модем	[modem]
acesso (m)	даромадан	[daromadan]
porta (f)	порт	[port]

| conexão (f) | пайвастан | [pajvastan] |
| conectar (vi) | пайваст шудан | [pajvast ʃudan] |

| escolher (vt) | интихоб кардан | [intiχob kardan] |
| buscar (vt) | чустан | [ʤustan] |

Transportes

141. Avião

avião (m)	ҳавопаймо	[havopajmo]
passagem (f) aérea	чиптаи ҳавопаймо	[tʃiptai havopajmo]
companhia (f) aérea	ширкати ҳавопаймой	[ʃirkati havopajmoi:]
aeroporto (m)	аэропорт	[aɛroport]
supersônico (adj)	фавқуссадо	[favqussado]
comandante (m) do avião	фармондеҳи киштй	[farmondehi kiʃti:]
tripulação (f)	экипаж	[ɛkipaʒ]
piloto (m)	сарнишин	[sarniʃin]
aeromoça (f)	стюардесса	[stjuardessa]
copiloto (m)	штурман	[ʃturman]
asas (f pl)	қанот	[qanot]
cauda (f)	дум	[dum]
cabine (f)	кабина	[kabina]
motor (m)	муҳаррик	[muharrik]
trem (m) de pouso	шассй	[ʃassi:]
turbina (f)	турбина	[turbina]
hélice (f)	пропеллер	[propeller]
caixa-preta (f)	қуттии сиёҳ	[qutti:i sijɔh]
coluna (f) de controle	суккон	[sukkon]
combustível (m)	сӯзишворй	[sœziʃvori:]
instruções (f pl) de segurança	дастурамали бехатарй	[dasturamali beχatari:]
máscara (f) de oxigênio	ниқоби ҳавои тоза	[niqobi havoi toza]
uniforme (m)	либоси расмй	[libosi rasmi:]
colete (m) salva-vidas	камзӯли начотдиҳанда	[kamzœli nadʒotdihanda]
paraquedas (m)	парашют	[paraʃjut]
decolagem (f)	парвоз	[parvoz]
descolar (vi)	парвоз кардан	[parvoz kardan]
pista (f) de decolagem	хати парвоз	[χati parvoz]
visibilidade (f)	софии ҳаво	[sofi:i havo]
voo (m)	парвоз	[parvoz]
altura (f)	баландй	[balandi:]
poço (m) de ar	чоҳи ҳаво	[tʃohi havo]
assento (m)	чой	[dʒoj]
fone (m) de ouvido	гӯшак, гӯшпӯшак	[gœʃak], [gœʃpœʃak]
mesa (f) retrátil	мизчаи вошаванда	[miztʃai voʃavanda]
janela (f)	иллюминатор	[illjuminator]
corredor (m)	гузаргоҳ	[guzargoh]

142. Comboio

trem (m)	поезд, қатор	[poezd], [qator]
trem (m) elétrico	қатораи барқӣ	[qatorai barqi:]
trem (m)	қатораи тезгард	[qatorai tezgard]
locomotiva (f) diesel	тепловоз	[teplovoz]
locomotiva (f) a vapor	паровоз	[parovoz]
vagão (f) de passageiros	вагон	[vagon]
vagão-restaurante (m)	вагон-ресторан	[vagon-restoran]
carris (m pl)	релсҳо	[relsho]
estrada (f) de ferro	роҳи оҳан	[rohi ohan]
travessa (f)	шпала	[ʃpala]
plataforma (f)	платформа	[platforma]
linha (f)	роҳ	[roh]
semáforo (m)	семафор	[semafor]
estação (f)	истгоҳ	[istgoh]
maquinista (m)	мошинист	[moʃinist]
bagageiro (m)	ҳаммол	[hammol]
hospedeiro, -a (m, f)	роҳбалад	[rohbalad]
passageiro (m)	мусофир	[musofir]
revisor (m)	нозир	[nozir]
corredor (m)	коридор	[koridor]
freio (m) de emergência	стоп-кран	[stop-kran]
compartimento (m)	купе	[kupe]
cama (f)	кат	[kat]
cama (f) de cima	кати боло	[kati bolo]
cama (f) de baixo	кати поён	[kati pojon]
roupa (f) de cama	чилдҳои болишту бистар	[dʒildhoi boliʃtu bistar]
passagem (f)	билет	[bilet]
horário (m)	чадвал	[dʒadval]
painel (m) de informação	чадвал	[dʒadval]
partir (vt)	дур шудан	[dur ʃudan]
partida (f)	равон кардан	[ravon kardan]
chegar (vi)	омадан	[omadan]
chegada (f)	омадан	[omadan]
chegar de trem	бо қатора омадан	[bo qatora omadan]
pegar o trem	ба қатора нишастан	[ba qatora niʃastan]
descer de trem	фаромадан	[faromadan]
acidente (m) ferroviário	садама	[sadama]
descarrilar (vi)	аз релс баромадан	[az rels baromadan]
locomotiva (f) a vapor	паровоз	[parovoz]
foguista (m)	алавмон	[alavmon]
fornalha (f)	оташдон	[otaʃdon]
carvão (m)	ангишт	[angiʃt]

143. Barco

| navio (m) | киштй | [kiʃti:] |
| embarcação (f) | киштй | [kiʃti:] |

barco (m) a vapor	пароход	[paroχod]
barco (m) fluvial	теплоход	[teploχod]
transatlântico (m)	лайнер	[lajner]
cruzeiro (m)	крейсер	[krejser]

iate (m)	яхта	[jaχta]
rebocador (m)	таноби ядак	[tanobi jadak]
barcaça (f)	баржа	[barʒa]
ferry (m)	паром	[parom]

| veleiro (m) | киштии бодбондор | [kiʃti:i bodbondor] |
| bergantim (m) | бригантина | [brigantina] |

| quebra-gelo (m) | киштии яхшикан | [kiʃti:i jaχʃikan] |
| submarino (m) | киштии зериобй | [kiʃti:i zeriobi:] |

bote, barco (m)	қаиқ	[qaiq]
baleeira (bote salva-vidas)	қаиқ	[qaiq]
bote (m) salva-vidas	завраķи наҷот	[zavraqi nadʒot]
lancha (f)	катер	[kater]

capitão (m)	капитан	[kapitan]
marinheiro (m)	баҳрчй, маллоҳ	[bahrtʃi:], [malloh]
marujo (m)	баҳрчй	[bahrtʃi:]
tripulação (f)	экипаж	[ɛkipaʒ]

contramestre (m)	ботсман	[botsman]
grumete (m)	маллоҳбача	[mallohbatʃa]
cozinheiro (m) de bordo	кок, ошпази киштй	[kok], [oʃpazi kiʃti:]
médico (m) de bordo	духтури киштй	[duχturi kiʃti:]

convés (m)	саҳни киштй	[sahni kiʃti:]
mastro (m)	сутуни киштй	[sutuni kiʃti:]
vela (f)	бодбон	[bodbon]

porão (m)	таҳхонаи киштй	[tahχonai kiʃti:]
proa (f)	сари кишти	[sari kiʃti]
popa (f)	думи киштй	[dumi kiʃti:]
remo (m)	бели завраķ	[beli zavraq]
hélice (f)	винт	[vint]

cabine (m)	каюта	[kajuta]
sala (f) dos oficiais	кают-компания	[kajut-kompanija]
sala (f) das máquinas	шӯъбаи мошинҳо	[ʃœ'bai moʃinho]
ponte (m) de comando	арша	[arʃa]
sala (f) de comunicações	радиохона	[radioχona]
onda (f)	мавч	[mavdʒ]
diário (m) de bordo	журнали киштй	[ʒurnali kiʃti:]
luneta (f)	дурбин	[durbin]
sino (m)	ноķус, зангӯла	[noqus], [zangœla]

bandeira (f)	байрак	[bajrak]
cabo (m)	арғамчини ғафс	[aʁʁamtʃini ʁafs]
nó (m)	гирех	[gireh]

| corrimão (m) | даста барои қапидан | [dasta baroi qapidan] |
| prancha (f) de embarque | зинапоя | [zinapoja] |

âncora (f)	лангар	[langar]
recolher a âncora	лангар бардоштан	[langar bardoʃtan]
jogar a âncora	лангар андохтан	[langar andoχtan]
amarra (corrente de âncora)	занҷири лангар	[zandʒiri langar]

porto (m)	бандар	[bandar]
cais, amarradouro (m)	ҷои киштибандӣ	[dʒoi kiʃtibandi:]
atracar (vi)	ба соҳил овардан	[ba sohil ovardan]
desatracar (vi)	ҳаракат кардан	[harakat kardan]

viagem (f)	саёхат	[sajohat]
cruzeiro (m)	круиз	[kruiz]
rumo (m)	самт	[samt]
itinerário (m)	маршрут	[marʃrut]

canal (m) de navegação	маъбар	[ma'bar]
banco (m) de areia	тунукоба	[tunukoba]
encalhar (vt)	ба тунукоба шиштан	[ba tunukoba ʃiʃtan]

tempestade (f)	тӯфон, бӯрои	[tœfon], [bœroi]
sinal (m)	бонг, ишорат	[bong], [iʃorat]
afundar-se (vr)	ғарк шудан	[ʁark ʃudan]
Homem ao mar!	Одам дар об!	[odam dar ob]
SOS	SOS	[sos]
boia (f) salva-vidas	чамбари наҷот	[tʃambari nadʒot]

144. Aeroporto

aeroporto (m)	аэропорт	[aɛroport]
avião (m)	ҳавопаймо	[havopajmo]
companhia (f) aérea	ширкати ҳавопаймой	[ʃirkati havopajmoi:]
controlador (m) de tráfego aéreo	диспечер	[dispetʃer]

partida (f)	парвоз	[parvoz]
chegada (f)	парида омадан	[parida omadan]
chegar (vi)	парида омадан	[parida omadan]

| hora (f) de partida | вақти паридан | [vaqti paridan] |
| hora (f) de chegada | вақти шиштан | [vaqti ʃiʃtan] |

| estar atrasado | боздоштан | [bozdoʃtan] |
| atraso (m) de voo | боздоштани парвоз | [bozdoʃtani parvoz] |

painel (m) de informação	тахтаи ахборот	[taχtai aχborot]
informação (f)	ахборот	[aχborot]
anunciar (vt)	эълон кардан	[ɛ'lon kardan]

voo (m)	сафар, рейс	[safar], [rejs]
alfândega (f)	гумрукхона	[gumrukχona]
funcionário (m) da alfândega	гумрукчй	[gumruktʃi:]

declaração (f) alfandegária	декларатсияи гумрукй	[deklaratsijai gumruki:]
preencher (vt)	пур кардан	[pur kardan]
preencher a declaração	пур кардани декларатсия	[pur kardani deklaratsija]
controle (m) de passaporte	назорати шиносно́ма	[nazorati ʃinosnoma]

bagagem (f)	баѓоч, бор	[baʁodʒ], [bor]
bagagem (f) de mão	бори дастй	[bori dasti:]
carrinho (m)	аробаи боѓочкашй	[arobai baʁotʃkaʃi:]

pouso (m)	фуруд	[furud]
pista (f) de pouso	хати нишаст	[χati niʃast]
aterrissar (vi)	нишастан	[niʃastan]
escada (f) de avião	зинапояи киштй	[zinapojai kiʃti:]

check-in (m)	бақайдгирй	[baqajdgiri:]
balcão (m) do check-in	қатори бақайдгирй	[qatori baqajdgiri:]
fazer o check-in	қайд кунондан	[qajd kunondan]
cartão (m) de embarque	талони саворшавй	[taloni savorʃavi:]
portão (m) de embarque	баромадан	[baromadan]

trânsito (m)	транзит	[tranzit]
esperar (vi, vt)	поидан	[poidan]
sala (f) de espera	толори интизорй	[tolori intizori:]
despedir-se (acompanhar)	гусел кардан	[gusel kardan]
despedir-se (dizer adeus)	падруд гуфтан	[padrud guftan]

145. Bicicleta. Motocicleta

bicicleta (f)	велосипед	[velosiped]
lambreta (f)	мотороллер	[motoroller]
moto (f)	мотосикл	[motosikl]

ir de bicicleta	бо велосипед рафтан	[bo velosiped raftan]
guidão (m)	рул	[rul]
pedal (m)	педал	[pedal]
freios (m pl)	тормозхо	[tormozho]
banco, selim (m)	зин	[zin]

bomba (f)	насос	[nasos]
bagageiro (m) de teto	баѓочмонак	[baʁodʒmonak]
lanterna (f)	фонус	[fonus]
capacete (m)	хӯд	[χœd]

roda (f)	чарх	[tʃarχ]
para-choque (m)	чархпӯш	[tʃarχpœʃ]
aro (m)	чанбар	[tʃanbar]
raio (m)	парра	[parra]

Carros

146. Tipos de carros

carro, automóvel (m)	автомобил	[avtomobil]
carro (m) esportivo	мошини варзишй	[moʃini varziʃi:]
limusine (f)	лимузин	[limuzin]
todo o terreno (m)	ҳарчогард, чип	[hardʒogard], [dʒip]
conversível (m)	кабриолет	[kabriolet]
minibus (m)	микроавтобус	[mikroavtobus]
ambulância (f)	ёрии таъчилй	[jori:i taˈdʒili:]
limpa-neve (m)	мошини барфрӯб	[moʃini barfrœb]
caminhão (m)	мошини боркаш	[moʃini borkaʃ]
caminhão-tanque (m)	бензинкаш	[benzinkaʃ]
perua, van (f)	автомобили боркаш	[avtomobili borkaʃ]
caminhão-trator (m)	ядакмошин	[jadakmoʃin]
reboque (m)	шатак	[ʃatak]
confortável (adj)	барохат	[barohat]
usado (adj)	нимдошт	[nimdoʃt]

147. Carros. Carroçaria

capô (m)	капот	[kapot]
para-choque (m)	чархпӯш	[tʃarχpœʃ]
teto (m)	бом	[bom]
para-brisa (m)	оинаи шамолпанох	[oinai ʃamolpanoh]
retrovisor (m)	оинаи манзараи ақиб	[oinai manzarai aqib]
esguicho (m)	шӯянда	[ʃœjanda]
limpadores (m) de para-brisas	чӯткахои оинатозакунак	[tʃœtkahoi oinatozakunak]
vidro (m) lateral	пахлӯоина	[pahlœoina]
elevador (m) do vidro	оинабардор	[oinabardor]
antena (f)	антенна	[antenna]
teto (m) solar	люк	[ljuk]
para-choque (m)	бампер	[bamper]
porta-malas (f)	бағочмонак	[baʁodʒmonak]
bagageira (f)	бормонак	[bormonak]
porta (f)	дарича	[daritʃa]
maçaneta (f)	дастак	[dastak]
fechadura (f)	кулф	[qulf]
placa (f)	рақам	[raqam]
silenciador (m)	садонишонак	[sadoniʃonak]

tanque (m) de gasolina	баки бензин	[baki benzin]
tubo (m) de exaustão	лӯлаи дудбаро	[lœlai dudbaro]
acelerador (m)	газ	[gaz]
pedal (m)	педал	[pedal]
pedal (m) do acelerador	педали газ	[pedali gaz]
freio (m)	тормоз	[tormoz]
pedal (m) do freio	педали тормоз	[pedali tormoz]
frear (vt)	тормоз додан	[tormoz dodan]
freio (m) de mão	тормози дастӣ	[tormozi dasti:]
embreagem (f)	муфт	[muft]
pedal (m) da embreagem	педали муфт	[pedali muft]
disco (m) de embreagem	чархмолаи пайвасткунӣ	[tʃarχmolai pajvastkuni:]
amortecedor (m)	амортизатор	[amortizator]
roda (f)	чарх	[tʃarχ]
pneu (m) estepe	чархи эҳтиётӣ	[tʃarχi εhtijɔti:]
pneu (m)	покришка	[pokriʃka]
calota (f)	колпак	[kolpak]
rodas (f pl) motrizes	чархҳои баранда	[tʃarχhoi baranda]
de tração dianteira	бо чархони пеш ҳаракаткунанда	[bo tʃarχoni peʃ harakatkunanda]
de tração traseira	бо чархони ақиб амалкунанда	[bo tʃarχoni aqib amalkunanda]
de tração às 4 rodas	бо чор чарх ҳаракаткунанда	[bo tʃor tʃarχ harakatkunanda]
caixa (f) de mudanças	суръатқуттӣ	[sur'atqutti:]
automático (adj)	автоматӣ	[avtomati:]
mecânico (adj)	механикӣ	[meχaniki:]
alavanca (f) de câmbio	фишанги суръатқуттӣ	[fiʃangi sur'atqutti:]
farol (m)	чароғ	[tʃaroʁ]
faróis (m pl)	чароғҳо	[tʃaroʁho]
farol (m) baixo	чароғи наздик	[tʃaroʁi nazdik]
farol (m) alto	чароғи дур	[tʃaroʁi dur]
luzes (f pl) de parada	стоп-сигнал	[stop-signal]
luzes (f pl) de posição	чароғаки габаритӣ	[tʃaroʁaki gabariti:]
luzes (f pl) de emergência	чароғаки садамавӣ	[tʃaroʁaki sadamavi:]
faróis (m pl) de neblina	чароғаки зидди туман	[tʃaroʁaki ziddi tuman]
pisca-pisca (m)	нишондиҳандаи гардиш	[niʃondihandai gardiʃ]
luz (f) de marcha ré	чароғаки ақибравӣ	[tʃaroʁaki aqibravi:]

148. Carros. Habitáculo

interior (do carro)	салони мошин	[saloni moʃin]
de couro	… и чармин	[i tʃarmin]
de veludo	велюрӣ	[veljuri:]
estofamento (m)	рӯйкаш	[rœjkaʃ]

indicador (m)	асбоб	[asbob]
painel (m)	лавҳаи асбобҳо	[lavhai asbobho]
velocímetro (m)	суръатсанҷ	[sur'atsandʒ]
ponteiro (m)	акрабак	[akrabak]

hodômetro, odômetro (m)	ҳисобкунаки масофа	[hisobkunaki masofa]
indicador (m)	хабардиҳанда	[χabardihanda]
nível (m)	сатҳ	[sath]
luz (f) de aviso	чароғак	[tʃaroʁak]

volante (m)	рул	[rul]
buzina (f)	сигнал	[signal]
botão (m)	тугмача	[tugmatʃa]
interruptor (m)	калид	[kalid]

assento (m)	курсӣ	[kursi:]
costas (f pl) do assento	пуштаки курсӣ	[puʃtaki kursi:]
cabeceira (f)	сармонаки курсӣ	[sarmonaki kursi:]
cinto (m) de segurança	тасмаи беҳатарӣ	[tasmai beχatari:]
apertar o cinto	тасма гузарондан	[tasma guzarondan]
ajuste (m)	танзим	[tanzim]

| airbag (m) | кисаи ҳаво | [kisai havo] |
| ar (m) condicionado | кондитсионер | [konditsioner] |

rádio (m)	радио	[radio]
leitor (m) de CD	CD-монак	[ɔɛ-monak]
ligar (vt)	даргирондан	[dargirondan]
antena (f)	антенна	[antenna]
porta-luvas (m)	ҷойи дастпӯшакҳо	[dʒoji dastpœʃakho]
cinzeiro (m)	хокистардон	[χokistardon]

149. Carros. Motor

motor (m)	муҳаррик	[muharrik]
motor (m)	мотор	[motor]
a diesel	дизелӣ	[dizeli:]
a gasolina	бо бензин коркунанда	[bo benzin korkunanda]

cilindrada (f)	ҳаҷми муҳаррик	[hadʒmi muharrik]
potência (f)	иқтидор	[iqtidor]
cavalo (m) de potência	қувваи асп	[quvvai asp]
pistão (m)	поршен	[porʃen]
cilindro (m)	силиндр	[silindr]
válvula (f)	клапан	[klapan]

injetor (m)	инжектор	[inʒektor]
gerador (m)	генератор	[generator]
carburador (m)	карбюратор	[karbjurator]
óleo (m) de motor	равғани муҳаррик	[ravʁani muharrik]

radiador (m)	радиатор	[radiator]
líquido (m) de arrefecimento	моеи хунуккунанда	[moei χunukkunanda]
ventilador (m)	бодкаш	[bodkaʃ]

bateria (f)	аккумулятор	[akkumuljator]
dispositivo (m) de arranque	корандози муҳаррик	[korandozi muharrik]
ignição (f)	даргиронй	[dargironi:]
vela (f) de ignição	свечаи мошин	[svetʃai moʃin]

terminal (m)	пайвандак	[pajvandak]
terminal (m) positivo	ҷамъ	[dʒam']
terminal (m) negativo	тарх	[tarh]
fusível (m)	пешгирикунанда	[peʃgirikunanda]

filtro (m) de ar	филтри ҳаво	[filtri havo]
filtro (m) de óleo	филтри равган	[filtri ravʁan]
filtro (m) de combustível	филтри сӯзишворй	[filtri sœziʃvori:]

150. Carros. Batidas. Reparação

acidente (m) de carro	садама	[sadama]
acidente (m) rodoviário	садамаи нақлиётй	[sadamai naqlijoti:]
bater (~ num muro)	бархӯрдан	[barχœrdan]
sofrer um acidente	мачрӯҳ шудан	[madʒrœh ʃudan]
dano (m)	осеб	[oseb]
intato	саломат	[salomat]

pane (f)	садама	[sadama]
avariar (vi)	шикастан	[ʃikastan]
cabo (m) de reboque	трос	[tros]

furo (m)	кафидааст	[kafidaast]
estar furado	холй шудан	[χoli: ʃudan]
encher (vt)	дам кардан	[dam kardan]
pressão (f)	фишор	[fiʃor]
verificar (vt)	тафтиш кардан	[taftiʃ kardan]

reparo (m)	таъмир	[ta'mir]
oficina (f) automotiva	автосервис	[avtoservis]
peça (f) de reposição	қисми эхтиётй	[qismi ɛhtijoti:]
peça (f)	қисм	[qism]

parafuso (com porca)	болт	[bolt]
parafuso (m)	винт	[vint]
porca (f)	гайка	[gajka]
arruela (f)	шайба	[ʃajba]
rolamento (m)	подшипник	[podʃipnik]

tubo (m)	найча	[najtʃa]
junta, gaxeta (f)	магзй	[maʁzi:]
fio, cabo (m)	сим	[sim]

macaco (m)	домкрат	[domkrat]
chave (f) de boca	калиди гайка	[kalidi gajka]
martelo (m)	болгача	[bolʁatʃa]
bomba (f)	насос	[nasos]
chave (f) de fenda	мурваттоб	[murvattob]
extintor (m)	оташнишон	[otaʃniʃon]

triângulo (m) de emergência	секунчаи садамавй	[sekundʒai sadamavi:]
morrer (motor)	аз кор мондан	[az kor mondan]
paragem, "morte" (f)	хомӯш кардан	[χomœʃ kardan]
estar quebrado	шикастан	[ʃikastan]

superaquecer-se (vr)	тафсидан	[tafsidan]
entupir-se (vr)	аз чирк махкам шудан	[az tʃirk mahkam ʃudan]
congelar-se (vr)	ях бастан	[jaχ bastan]
rebentar (vi)	кафидан	[kafidan]

pressão (f)	фишор	[fiʃor]
nível (m)	сатх	[sath]
frouxo (adj)	суст шудааст	[sust ʃudaast]

batida (f)	пачак	[patʃaq]
ruído (m)	овоз, садо	[ovoz], [sado]
fissura (f)	таркиш	[tarqiʃ]
arranhão (m)	харош	[χaroʃ]

151. Carros. Estrada

estrada (f)	рох, рах	[roh], [rah]
autoestrada (f)	автомагистрал	[avtomagistral]
rodovia (f)	шоссе	[ʃosse]
direção (f)	самт	[samt]
distância (f)	масофат	[masofat]

ponte (f)	пул, кӯпрук	[pul], [kœpruk]
parque (m) de estacionamento	чойи мошинмонй	[dʒoji moʃinmoni:]
praça (f)	майдон	[majdon]
nó (m) rodoviário	чорсӯ	[tʃorsœ]
túnel (m)	туннел	[tunnel]

posto (m) de gasolina	колонкаи бензингири	[kolonkai benzingiri]
parque (m) de estacionamento	истгохи мошинхо	[istgohi moʃinho]
bomba (f) de gasolina	бензокалонка	[benzokalonka]
oficina (f) automotiva	автосервис	[avtoservis]
abastecer (vt)	пур кардан	[pur kardan]
combustível (m)	сӯзишворй	[sœziʃvori:]
galão (m) de gasolina	канистра	[kanistra]

asfalto (m)	асфалт	[asfalt]
marcação (f) de estradas	нишонагузорй	[niʃonaguzori:]
meio-fio (m)	хошия, канора	[hoʃija], [kanora]
guard-rail (m)	деворак	[devorak]
valeta (f)	чӯйбор	[dʒœjbor]
acostamento (m)	канори рох	[kanori roh]
poste (m) de luz	сутун	[sutun]

dirigir (vt)	рондан	[rondan]
virar (~ para a direita)	гардонидан	[gardonidan]
dar retorno	тоб хӯрдан	[tob χœrdan]
ré (f)	акиб рафтан	[aqib raftan]
buzinar (vi)	сигнал додан	[signal dodan]

buzina (f)	бонг	[bong]
atolar-se (vr)	дармондан	[darmondan]
patinar (na lama)	андармон шудан	[andarmon ʃudan]
desligar (vt)	хомӯш кардан	[χomœʃ kardan]

velocidade (f)	суръат	[sur'at]
exceder a velocidade	суръат баланд кардан	[sur'at baland kardan]
multar (vt)	чарима андохтан	[dʒarima andoχtan]
semáforo (m)	чароғи рахнамо	[tʃaroʁi rahnamo]
carteira (f) de motorista	хуччати ронандагӣ	[hudʒdʒati ronandagi:]

passagem (f) de nível	гузаргох	[guzargoh]
cruzamento (m)	чоррaха	[tʃorraha]
faixa (f)	гузаргохи пиёдагардон	[guzargohi pijɔdagardon]
curva (f)	гардиш	[gardiʃ]
zona (f) de pedestres	рохи пиёдагард	[rohi pijɔdagard]

PESSOAS. EVENTOS

Eventos

152. Férias. Evento

festa (f)	ид, чашн	[id], [dʒaʃn]
feriado (m) nacional	иди миллӣ	[idi milli:]
feriado (m)	рӯзи ид	[rœzi id]
festejar (vt)	ид кардан	[id kardan]
evento (festa, etc.)	воқеа, ҳодиса	[voqea], [hodisa]
evento (banquete, etc.)	чорабинӣ	[tʃorabini:]
banquete (m)	зиёфати бошукӯҳ	[zijɔfati boʃukœh]
recepção (f)	қабул, зиёфат	[qabul], [zijɔfat]
festim (m)	базм	[bazm]
aniversário (m)	солгард, солагӣ	[solgard], [solagi:]
jubileu (m)	чашн	[dʒaʃn]
celebrar (vt)	чашн гирифтан	[dʒaʃn giriftan]
Ano (m) Novo	Соли Нав	[soli nav]
Feliz Ano Novo!	Соли нав муборак!	[soli nav muborak]
Papai Noel (m)	Бобои барфӣ	[boboi barfi:]
Natal (m)	Мавлуди Исо	[mavludi iso]
Feliz Natal!	Иди мавлуд муборак!	[idi mavlud muborak]
árvore (f) de Natal	арчаи солинавӣ	[artʃai solinavi:]
fogos (m pl) de artifício	салют	[saljut]
casamento (m)	тӯй, тӯйи арӯсӣ	[tœj], [tœji arœsi:]
noivo (m)	домод, домодшаванда	[domod], [domodʃavanda]
noiva (f)	арӯс	[arœs]
convidar (vt)	даъват кардан	[da'vat kardan]
convite (m)	даъватнома	[da'vatnoma]
convidado (m)	меҳмон	[mehmon]
visitar (vt)	ба меҳмонӣ рафтан	[ba mehmoni: raftan]
receber os convidados	қабули меҳмонҳо	[qabuli mehmonho]
presente (m)	тӯҳфа	[tœhfa]
oferecer, dar (vt)	бахшидан	[baxʃidan]
receber presentes	туҳфа гирифтан	[tuhfa giriftan]
buquê (m) de flores	дастаи гул	[dastai gul]
felicitações (f pl)	муборакбод	[muborakbod]
felicitar (vt)	муборакбод гуфтан	[muborakbod guftan]
cartão (m) de parabéns	аткриткаи табрикӣ	[atkritkai tabriki:]

enviar um cartão postal	фиристодани аткритка	[firistodani atkritka]
receber um cartão postal	аткритка гирифтан	[atkritka giriftan]
brinde (m)	нӯшбод	[nœʃbod]
oferecer (vt)	зиёфат кардан	[zijɔfat kardan]
champanhe (m)	шампан	[ʃampan]
divertir-se (vr)	хурсандй кардан	[xursandi: kardan]
diversão (f)	шодй, хурсандй	[ʃodi:], [xursandi:]
alegria (f)	шодй	[ʃodi:]
dança (f)	ракс	[raks]
dançar (vi)	рақсидан	[raqsidan]
valsa (f)	валс	[vals]
tango (m)	танго	[tango]

153. Funerais. Enterro

cemitério (m)	гӯристон, қабристон	[gœriston], [qabriston]
sepultura (f), túmulo (m)	гӯр, кабр	[gœr], [kabr]
cruz (f)	салиб	[salib]
lápide (f)	санги қабр	[sangi qabr]
cerca (f)	панчара	[pandʒara]
capela (f)	калисои хурд	[kalisoi xurd]
morte (f)	марг	[marg]
morrer (vi)	мурдан	[murdan]
defunto (m)	раҳматй	[rahmati:]
luto (m)	мотам	[motam]
enterrar, sepultar (vt)	гӯр кардан	[gœr kardan]
funerária (f)	бюрои дафнкунй	[bjuroi dafnkuni:]
funeral (m)	дафн, ҷаноза	[dafn], [dʒanoza]
coroa (f) de flores	гулчанбар	[gulʧanbar]
caixão (m)	тобут	[tobut]
carro (m) funerário	аробаи тобуткаш	[arobai tobutkaʃʃ]
mortalha (f)	кафан	[kafan]
procissão (f) funerária	чараёни дафнкунй	[dʒarajoni dafnkuni:]
urna (f) funerária	зарфи хокистари мурдаи сӯзондашуда	[zarfi xokistari murdai sœzondaʃuda]
crematório (m)	хонаи мурдасӯзй	[xonai murdasœzi:]
obituário (m), necrologia (f)	таъзиянома	[ta'zijanoma]
chorar (vi)	гиря кардан	[girja kardan]
soluçar (vi)	нолидан	[nolidan]

154. Guerra. Soldados

pelotão (m)	взвод	[vzvod]
companhia (f)	рота	[rota]

regimento (m)	полк	[polk]
exército (m)	армия, кӯшун	[armija], [qœʃun]
divisão (f)	дивизия	[divizija]
esquadrão (m)	даста	[dasta]
hoste (f)	кӯшун	[qœʃun]
soldado (m)	аскар	[askar]
oficial (m)	афсар	[afsar]
soldado (m) raso	аскари қаторӣ	[askari qatori:]
sargento (m)	сержант	[serʒant]
tenente (m)	лейтенант	[lejtenant]
capitão (m)	капитан	[kapitan]
major (m)	майор	[majɔr]
coronel (m)	полковник	[polkovnik]
general (m)	генерал	[general]
marujo (m)	баҳрчӣ	[bahrtʃi:]
capitão (m)	капитан	[kapitan]
contramestre (m)	ботсман	[botsman]
artilheiro (m)	артиллерися	[artillerisja]
soldado (m) paraquedista	десантчӣ	[desanttʃi:]
piloto (m)	лётчик	[ljɔttʃik]
navegador (m)	штурман	[ʃturman]
mecânico (m)	механик	[meχanik]
sapador-mineiro (m)	сапёр	[sapjɔr]
paraquedista (m)	парашютчӣ	[paraʃjuttʃi:]
explorador (m)	разведкачӣ	[razvedkatʃi:]
atirador (m) de tocaia	мерган	[mergan]
patrulha (f)	посбон	[posbon]
patrulhar (vt)	посбонӣ кардан	[posboni: kardan]
sentinela (f)	посбон	[posbon]
guerreiro (m)	чанговар, аскар	[dʒangovar], [askar]
patriota (m)	ватандӯст	[vatandœst]
herói (m)	қаҳрамон	[qahramon]
heroína (f)	қаҳрамонзан	[qahramonzan]
traidor (m)	хоин, хиёнаткор	[χoin], [χijɔnatkor]
trair (vt)	хиёнат кардан	[χijɔnat kardan]
desertor (m)	гуреза, фирорӣ	[gureza], [firori:]
desertar (vt)	фирор кардан	[firor kardan]
mercenário (m)	зархарид	[zarχarid]
recruta (m)	аскари нав	[askari nav]
voluntário (m)	довталаб	[dovtalab]
morto (m)	кушташуда	[kuʃtaʃuda]
ferido (m)	захмдор	[zaχmdor]
prisioneiro (m) de guerra	асир	[asir]

155. Guerra. Ações militares. Parte 1

guerra (f)	чанг	[dʒang]
guerrear (vt)	чангидан	[dʒangidan]
guerra (f) civil	чанги граждани	[dʒangi graʒdani:]
perfidamente	аҳдшиканона	[ahdʃikanona]
declaração (f) de guerra	эълони чанг	[ɛ'loni dʒang]
declarar guerra	эълон кардан	[ɛ'lon kardan]
agressão (f)	тачовуз, агрессия	[tadʒovuz], [agressija]
atacar (vt)	ҳучум кардан	[hudʒum kardan]
invadir (vt)	забт кардан	[zabt kardan]
invasor (m)	забткунанда	[zabtkunanda]
conquistador (m)	забткунанда	[zabtkunanda]
defesa (f)	мудофиа	[mudofia]
defender (vt)	мудофиа кардан	[mudofia kardan]
defender-se (vr)	худро мудофиа кардан	[χudro mudofia kardan]
inimigo (m)	душман	[duʃman]
adversário (m)	рақиб	[raqib]
inimigo (adj)	... и душман	[i duʃman]
estratégia (f)	стратегия	[strategija]
tática (f)	тактика	[taktika]
ordem (f)	фармон	[farmon]
comando (m)	фармон	[farmon]
ordenar (vt)	фармон додан	[farmon dodan]
missão (f)	супориш	[suporiʃ]
secreto (adj)	пинхони	[pinhoni:]
batalha (f)	чанг	[dʒang]
combate (m)	мухориба	[muhoriba]
ataque (m)	ҳамла	[hamla]
assalto (m)	ҳучум	[hudʒum]
assaltar (vt)	ҳучуми қатъй кардан	[hudʒumi qat'i: kardan]
assédio, sítio (m)	мухосира	[muhosira]
ofensiva (f)	ҳучум	[hudʒum]
tomar à ofensiva	ҳучум кардан	[hudʒum kardan]
retirada (f)	ақибнишини	[aqibniʃini:]
retirar-se (vr)	ақиб гаштан	[aqib gaʃtan]
cerco (m)	мухосира, ихота	[muhosira], [ihota]
cercar (vt)	мухосира кардан	[muhosira kardan]
bombardeio (m)	бомбаандози	[bombaandozi:]
lançar uma bomba	бомба партофтан	[bomba partoftan]
bombardear (vt)	бомбаборон кардан	[bombaboron kardan]
explosão (f)	таркиш, таркидан	[tarkiʃ], [tarkidan]
tiro (m)	тир, тирпаррони	[tir], [tirparroni:]

| dar um tiro | тир паррондан | [tir parrondan] |
| tiroteio (m) | тирпарронй | [tirparroni:] |

apontar para ...	нишон гирифтан	[niʃon giriftan]
apontar (vt)	рост кардан	[rost kardan]
acertar (vt)	задан	[zadan]

afundar (~ um navio, etc.)	ғарқ кардан	[ʁarq kardan]
brecha (f)	сӯрох	[sœroχ]
afundar-se (vr)	ғарқ шудан	[ʁarq ʃudan]

frente (m)	фронт, ҷабха	[front], [dʒabχa]
evacuação (f)	тахлия	[taχlija]
evacuar (vt)	тахлия кардан	[taχlija kardan]

trincheira (f)	хандақ	[χandaq]
arame (m) enfarpado	симхор	[simχor]
barreira (f) anti-tanque	садд	[sadd]
torre (f) de vigia	бурчи дидбонй	[burtʃi didboni:]

hospital (m) militar	беморхонаи ҳарбй	[bemorχonai harbi:]
ferir (vt)	захмдор кардан	[zaχmdor kardan]
ferida (f)	захм, реш	[zaχm], [reʃ]
ferido (m)	захмдор	[zaχmdor]
ficar ferido	захм бардоштан	[zaχm bardoʃtan]
grave (ferida ~)	вазнин	[vaznin]

156. Armas

arma (f)	яроқ, силоҳ	[jaroq], [siloh]
arma (f) de fogo	аслиҳаи оташфишон	[aslihai otaʃfiʃon]
arma (f) branca	яроқи беоташ	[jaroqi beotaʃ]

arma (f) química	силоҳи химиявй	[silohi χimijavi:]
nuclear (adj)	... и ядро, ядрой	[i jadro], [jadroi:]
arma (f) nuclear	аслиҳаи ядрой	[aslihai jadroi:]

| bomba (f) | бомба | [bomba] |
| bomba (f) atômica | бомбаи атомй | [bombai atomi:] |

pistola (f)	тапонча	[tapontʃa]
rifle (m)	милтиқ	[miltiq]
semi-automática (f)	автомат	[avtomat]
metralhadora (f)	пулемёт	[pulemjot]

boca (f)	даҳони мил	[dahoni mil]
cano (m)	мил	[mil]
calibre (m)	калибр	[kalibr]

gatilho (m)	куланги силоҳи оташфишон	[kulangi silohi otaʃfiʃon]
mira (f)	нишон	[niʃon]
carregador (m)	тирдон	[tirdon]
coronha (f)	қундоқ	[qundoq]

| granada (f) de mão | гранатаи дастӣ | [granatai dasti:] |
| explosivo (m) | моддаи тарканда | [moddai tarkanda] |

bala (f)	тир	[tir]
cartucho (m)	тир	[tir]
carga (f)	заряд	[zarjad]
munições (f pl)	лавозимоти ҷангӣ	[lavozimoti dʒangi:]

bombardeiro (m)	самолёти бомбаандоз	[samoljoti bombaandoz]
avião (m) de caça	қиркунанда	[qirkunanda]
helicóptero (m)	вертолёт	[vertoljot]

canhão (m) antiaéreo	тӯпи зенитӣ	[tœpi zeniti:]
tanque (m)	танк	[tank]
canhão (de um tanque)	тӯп	[tœp]

artilharia (f)	артиллерия	[artillerija]
canhão (m)	тӯп	[tœp]
fazer a pontaria	рост кардан	[rost kardan]

projétil (m)	тир, тири тӯп	[tir], [tiri tœp]
granada (f) de morteiro	минаи миномёт	[minai minomjot]
morteiro (m)	миномёт	[minomjot]
estilhaço (m)	тикка	[tikka]

submarino (m)	киштии зериобӣ	[kiʃti:i zeriobi:]
torpedo (m)	торпеда	[torpeda]
míssil (m)	ракета	[raketa]

carregar (uma arma)	тир пур кардан	[tir pur kardan]
disparar, atirar (vi)	тир задан	[tir zadan]
apontar para …	нишон гирифтан	[niʃon giriftan]
baioneta (f)	найза	[najza]

espada (f)	шамшер	[ʃamʃer]
sabre (m)	шамшер, шоф	[ʃamʃer], [ʃof]
lança (f)	найза	[najza]
arco (m)	камон	[kamon]
flecha (f)	тир	[tir]
mosquete (m)	туфанг	[tufang]
besta (f)	камон, камонғӯлак	[kamon], [kamonʁœlak]

157. Povos da antiguidade

primitivo (adj)	ибтидой	[ibtidoi:]
pré-histórico (adj)	пеш аз таърих	[peʃ az ta'rix]
antigo (adj)	қадим	[qadim]

Idade (f) da Pedra	Асри сангин	[asri sangin]
Idade (f) do Bronze	Давраи биринҷӣ	[davrai birindʒi:]
Era (f) do Gelo	Давраи яхбандӣ	[davrai jaxbandi:]

| tribo (f) | қабила | [qabila] |
| canibal (m) | одамхӯр | [odamxœr] |

caçador (m)	шикорчй	[ʃikortʃiː]
caçar (vi)	шикор кардан	[ʃikor kardan]
mamute (m)	мамонт	[mamont]

caverna (f)	ғор	[ʁor]
fogo (m)	оташ	[otaʃ]
fogueira (f)	гулхан	[gulχan]
pintura (f) rupestre	нақшхои рӯйи санг	[naqʃhoi rœji sang]

ferramenta (f)	олати меҳнат	[olati mehnat]
lança (f)	найза	[najza]
machado (m) de pedra	табари сангин	[tabari sangin]
guerrear (vt)	ҷангидан	[dʒangidan]
domesticar (vt)	дастомӯз кардан	[dastomœz kardan]

ídolo (m)	бут, санам	[but], [sanam]
adorar, venerar (vt)	парастидан	[parastidan]
superstição (f)	хурофот	[χurofot]
ritual (m)	расм, маросим	[rasm], [marosim]

evolução (f)	таҳаввул	[tahavvul]
desenvolvimento (m)	пешравӣ	[peʃraviː]
extinção (f)	нест шудан	[nest ʃudan]
adaptar-se (vr)	мувофиқат кардан	[muvofiqat kardan]

arqueologia (f)	археология	[arχeologija]
arqueólogo (m)	археолог	[arχeolog]
arqueológico (adj)	археологӣ	[arχeologiː]

escavação (sítio)	ҳафриёт	[hafrijot]
escavações (f pl)	ҳафриёт	[hafrijot]
achado (m)	бозёфт	[bozjoft]
fragmento (m)	порча	[portʃa]

158. Idade média

povo (m)	халқ	[χalq]
povos (m pl)	халқхо	[χalqho]
tribo (f)	қабила	[qabila]
tribos (f pl)	қабилахо	[qabilaho]

bárbaros (pl)	барбархо	[barbarho]
galeses (pl)	галлхо	[gallho]
godos (pl)	готхо	[gotho]
eslavos (pl)	сақлоб	[saqlob]
viquingues (pl)	викингхо	[vikingho]

| romanos (pl) | румихо | [rumiho] |
| romano (adj) | ... и Рим, римӣ | [i rim], [rimiː] |

bizantinos (pl)	византиягихо	[vizantijagiho]
Bizâncio	Византия	[vizantija]
bizantino (adj)	византиягӣ	[vizantijagiː]
imperador (m)	император	[imperator]

líder (m)	пешво, роҳбар	[peʃvo], [rohbar]
poderoso (adj)	тавоно	[tavono]
rei (m)	шоҳ	[ʃoh]
governante (m)	ҳукмдор	[hukmdor]
cavaleiro (m)	баҳодур	[bahodur]
senhor feudal (m)	феодал	[feodal]
feudal (adj)	феодалӣ	[feodali:]
vassalo (m)	вассал	[vassal]
duque (m)	гертсог	[gertsog]
conde (m)	граф	[graf]
barão (m)	барон	[baron]
bispo (m)	епископ	[episkop]
armadura (f)	либосу аслиҳаи чангӣ	[libosu aslihai ʧangi:]
escudo (m)	сипар	[sipar]
espada (f)	шамшер	[ʃamʃer]
viseira (f)	рӯйпӯши тоскулоҳ	[rœjpœʃi toskuloh]
cota (f) de malha	зиреҳ	[zireh]
cruzada (f)	юриши салибдорон	[juriʃi salibdoron]
cruzado (m)	салибдор	[salibdor]
território (m)	хок	[χok]
atacar (vt)	ҳучум кардан	[huʤum kardan]
conquistar (vt)	забт кардан	[zabt kardan]
ocupar, invadir (vt)	ғасб кардан	[ʁasb kardan]
assédio, sítio (m)	муҳосира	[muhosira]
sitiado (adj)	муҳосирашуда	[muhosiraʃuda]
assediar, sitiar (vt)	муҳосира кардан	[muhosira kardan]
inquisição (f)	инквизитсия	[inkvizitsija]
inquisidor (m)	инквизитор	[inkvizitor]
tortura (f)	шиканҷа	[ʃikanʤa]
cruel (adj)	бераҳм	[berahm]
herege (m)	бидъаткор	[bid'atkor]
heresia (f)	бидъат	[bid'at]
navegação (f) marítima	баҳрнавардӣ	[bahrnavardi:]
pirata (m)	роҳзани баҳрӣ	[rohzani bahri:]
pirataria (f)	роҳзании баҳрӣ	[rohzanii bahri:]
abordagem (f)	абордаж	[abordaʒ]
presa (f), butim (m)	сайд, ғанимат	[sajd], [ʁanimat]
tesouros (m pl)	ганҷ	[ganʤ]
descobrimento (m)	кашф	[kaʃf]
descobrir (novas terras)	кашф кардан	[kaʃf kardan]
expedição (f)	экспедитсия	[ɛkspeditsija]
mosqueteiro (m)	туфангдор	[tufangdor]
cardeal (m)	кардинал	[kardinal]
heráldica (f)	гербшиносӣ	[gerbʃinosi:]
heráldico (adj)	… и гербшиносӣ	[i gerbʃinosi:]

159. Líder. Chefe. Autoridades

rei (m)	шоҳ	[ʃoh]
rainha (f)	малика	[malika]
real (adj)	шоҳй, ... и шоҳ	[ʃohi:], [i ʃoh]
reino (m)	шоҳигарй	[ʃohigari:]
príncipe (m)	шоҳзода	[ʃohzoda]
princesa (f)	шоҳдухтар	[ʃohduχtar]
presidente (m)	президент	[prezident]
vice-presidente (m)	ноиб-президент	[noib-prezident]
senador (m)	сенатор	[senator]
monarca (m)	монарх, подшоҳ	[monarχ], [podʃoh]
governante (m)	ҳукмдор	[hukmdor]
ditador (m)	ҳукмфармо	[hukmfarmo]
tirano (m)	мустабид	[mustabid]
magnata (m)	магнат	[magnat]
diretor (m)	директор, мудир	[direktor], [mudir]
chefe (m)	сардор	[sardor]
gerente (m)	идоракунанда	[idorakunanda]
patrão (m)	хӯҷаин, саркор	[χœʤain], [sarkor]
dono (m)	соҳиб, хӯҷаин	[sohib], [χœʤain]
líder (m)	сарвар, роҳбар	[sarvar], [rohbar]
chefe (m)	сардор	[sardor]
autoridades (f pl)	ҳукумат	[hukumat]
superiores (m pl)	сардорон	[sardoron]
governador (m)	губернатор	[gubernator]
cônsul (m)	консул	[konsul]
diplomata (m)	дипломат	[diplomat]
Presidente (m) da Câmara	мир	[mir]
xerife (m)	шериф	[ʃerif]
imperador (m)	император	[imperator]
czar (m)	шоҳ	[ʃoh]
faraó (m)	фиръавн	[fir'avn]
cã, khan (m)	хон	[χon]

160. Violação da lei. Criminosos. Parte 1

bandido (m)	роҳзан	[rohzan]
crime (m)	чиноят	[dʒinojat]
criminoso (m)	чинояткор	[dʒinojatkor]
ladrão (m)	дузд	[duzd]
roubar (vt)	дуздидан	[duzdidan]
roubo (atividade)	дуздй	[duzdi:]
furto (m)	ғорат	[ʁorat]
raptar, sequestrar (vt)	дуздидан	[duzdidan]

sequestro (m)	одамдуздӣ	[odamduzdi:]
sequestrador (m)	одамдузд	[odamduzd]
resgate (m)	фидия	[fidija]
pedir resgate	фидия талаб кардан	[fidija talab kardan]
roubar (vt)	ғорат кардан	[ʁorat kardan]
assalto, roubo (m)	ғорат	[ʁorat]
assaltante (m)	ғоратгар	[ʁoratgar]
extorquir (vt)	тамаъ чустан	[tama' dʒustan]
extorsionário (m)	тамаъкор	[tama'kor]
extorsão (f)	тамаъчӯй	[tama'dʒœi:]
matar, assassinar (vt)	куштан	[kuʃtan]
homicídio (m)	қатл, куштор	[qatl], [kuʃtor]
homicida, assassino (m)	кушанда	[kuʃanda]
tiro (m)	тир, тирпарронӣ	[tir], [tirparroni:]
dar um tiro	тир паррондан	[tir parrondan]
matar a tiro	паррондан	[parrondan]
disparar, atirar (vi)	тир задан	[tir zadan]
tiroteio (m)	тирандозӣ	[tirandozi:]
incidente (m)	ҳодиса	[hodisa]
briga (~ de rua)	занозанӣ	[zanozani:]
Socorro!	Ёри диҳед!	[jori dihed]
vítima (f)	қурбонӣ, қурбон	[qurboni:], [qurbon]
danificar (vt)	осеб расонидан	[oseb rasonidan]
dano (m)	зарар	[zarar]
cadáver (m)	ҷасад	[dʒasad]
grave (adj)	вазнин	[vaznin]
atacar (vt)	ҳучум кардан	[hudʒum kardan]
bater (espancar)	задан	[zadan]
espancar (vt)	лату кӯб кардан	[latu kœb kardan]
tirar, roubar (dinheiro)	кашида гирифтан	[kaʃida giriftan]
esfaquear (vt)	сар буридан	[sar buridan]
mutilar (vt)	маъюб кардан	[ma'jub kardan]
ferir (vt)	захмдор кардан	[zaxmdor kardan]
chantagem (f)	таҳдид	[tahdid]
chantagear (vt)	таҳдид кардан	[tahdid kardan]
chantagista (m)	таҳдидгар	[tahdidgar]
extorsão (f)	рэкет	[rɛket]
extorsionário (m)	рэкетчӣ	[rɛkettʃi:]
gângster (m)	роҳзан, ғоратгар	[rohzan], [ʁoratgar]
máfia (f)	мафия	[mafija]
punguista (m)	кисабур	[kisabur]
assaltante, ladrão (m)	дузди қулфшикан	[duzdi qulfʃikan]
contrabando (m)	қочоқчигӣ	[qotʃoqtʃigi:]
contrabandista (m)	қочоқчӣ	[qotʃoqtʃi:]
falsificação (f)	сохтакорӣ	[soxtakori:]

| falsificar (vt) | сохтакорӣ кардан | [soχtakori: kardan] |
| falsificado (adj) | қалбакӣ | [qalbaqi:] |

161. Violação da lei. Criminosos. Parte 2

estupro (m)	таҷовуз ба номус	[tadʒovuz ba nomus]
estuprar (vt)	ба номус таҷовуз кардан	[ba nomus tadʒovuz kardan]
estuprador (m)	зӯрикунанда	[zœrikunanda]
maníaco (m)	васвосӣ, савдой	[vasvosi:], [savdoi:]

prostituta (f)	фоҳиша	[fohiʃa]
prostituição (f)	фоҳишагӣ	[fohiʃagi:]
cafetão (m)	занҷаллоб	[zandʒallob]

| drogado (m) | нашъаманд | [naʃʔamand] |
| traficante (m) | нашъаҷаллоб | [naʃʔadʒallob] |

explodir (vt)	таркондан	[tarkondan]
explosão (f)	таркиш, таркидан	[tarkiʃ], [tarkidan]
incendiar (vt)	оташ задан	[otaʃ zadan]
incendiário (m)	оташзананда	[otaʃzananda]

terrorismo (m)	терроризм	[terrorizm]
terrorista (m)	террорчӣ	[terrortʃi:]
refém (m)	шахси гаравӣ, гаравгон	[ʃaχsi garavi:], [garavgon]

enganar (vt)	фиреб додан, фирефтан	[fireb dodan], [fireftan]
engano (m)	фиреб	[fireb]
vigarista (m)	фиребгар	[firebgar]

subornar (vt)	пора додан	[pora dodan]
suborno (atividade)	пора додан	[pora dodan]
suborno (dinheiro)	пора, ришва	[pora], [riʃva]

veneno (m)	заҳр	[zahr]
envenenar (vt)	заҳр додан	[zahr dodan]
envenenar-se (vr)	заҳр хӯрдан	[zahr χœrdan]

| suicídio (m) | худкушӣ | [χudkuʃi:] |
| suicida (m) | худкуш | [χudkuʃ] |

ameaçar (vt)	дӯғ задан	[dœʁ zadan]
ameaça (f)	дӯғ, пӯписа	[dœʁ], [pœpisa]
atentar contra a vida de …	суиқасд кардан	[suiqasd kardan]
atentado (m)	суиқасд	[suiqasd]

| roubar (um carro) | дуздидан | [duzdidan] |
| sequestrar (um avião) | дуздидан | [duzdidan] |

| vingança (f) | интиқом | [intiqom] |
| vingar (vt) | интиқом гирифтан | [intiqom giriftan] |

| torturar (vt) | шиканҷа кардан | [ʃikandʒa kardan] |
| tortura (f) | шиканҷа | [ʃikandʒa] |

atormentar (vt)	азоб додан	[azob dodan]
pirata (m)	роҳзани баҳрӣ	[rohzani bahri:]
desordeiro (m)	бадахлоқ	[badaχloq]
armado (adj)	мусаллаҳ	[musallah]
violência (f)	таҷовуз	[tadʒovuz]
ilegal (adj)	ғайрилегалӣ	[ʁajrilegali:]
espionagem (f)	ҷосусӣ	[dʒosusi:]
espionar (vi)	ҷосусӣ кардан	[dʒosusi: kardan]

162. Polícia. Lei. Parte 1

justiça (sistema de ~)	адлия	[adlija]
tribunal (m)	суд	[sud]
juiz (m)	довар	[dovar]
jurados (m pl)	суди халқӣ	[sudi χalqi:]
tribunal (m) do júri	суди касамиён	[sudi kasamijon]
julgar (vt)	суд кардан	[sud kardan]
advogado (m)	адвокат, ҳимоягар	[advokat], [himojagar]
réu (m)	айбдор	[ajbdor]
banco (m) dos réus	курсии судшаванда	[kursi:i sudʃavanda]
acusação (f)	айбдоркунӣ	[ajbdorkuni:]
acusado (m)	айбдоршаванда	[ajbdorʃavanda]
sentença (f)	ҳукм, хукннома	[hukm], [hukmnoma]
sentenciar (vt)	ҳукм кардан	[hukm kardan]
culpado (m)	гунаҳкор, айбдор	[gunahkor], [ajbdor]
punir (vt)	ҷазо додан	[dʒazo dodan]
punição (f)	ҷазо	[dʒazo]
multa (f)	ҷарима	[dʒarima]
prisão (f) perpétua	ҳабси якумрӣ	[habsi jakumri:]
pena (f) de morte	ҷазои қатл	[dʒazoi qatl]
cadeira (f) elétrica	курсии барқӣ	[kursi:i barqi:]
forca (f)	дор	[dor]
executar (vt)	қатл кардан	[qatl kardan]
execução (f)	ҳукми куш	[hukmi kuʃ]
prisão (f)	маҳбас	[mahbas]
cela (f) de prisão	камера	[kamera]
escolta (f)	қаравулон	[qaravulon]
guarda (m) prisional	назоратчии ҳабсхона	[nazorattʃi:i habsχona]
preso, prisioneiro (m)	маҳбус	[mahbus]
algemas (f pl)	дастбанд	[dastband]
algemar (vt)	ба даст кишан андохтан	[ba dast kiʃan andoχtan]
fuga, evasão (f)	гурез	[gurez]
fugir (vi)	гурехтан	[gureχtan]

desaparecer (vi)	гум шудан	[gum ʃudan]
soltar, libertar (vt)	озод кардан	[ozod kardan]
anistia (f)	амнистия, афви умумй	[amnistija], [afvi umumi:]

polícia (instituição)	полис	[polis]
polícia (m)	полис	[polis]
delegacia (f) de polícia	милисахона	[milisaχona]
cassetete (m)	чӯбдасти резинй	[tʃœbdasti rezini:]
megafone (m)	баландгӯяк	[balandɡœjak]

carro (m) de patrulha	мошини дидбонй	[moʃini didboni:]
sirene (f)	бурғу	[burʁu]
ligar a sirene	даргиронидани сирена	[dargironidani sirena]
toque (m) da sirene	хуввоси сирена	[huvvosi sirena]

cena (f) do crime	чойи чиноят	[dʒoji dʒinojat]
testemunha (f)	шохид	[ʃohid]
liberdade (f)	озодй	[ozodi:]
cúmplice (m)	шарик	[ʃarik]
escapar (vi)	панох шудан	[panoh ʃudan]
traço (não deixar ~s)	пай	[paj]

163. Polícia. Lei. Parte 2

procura (f)	чустучӯ	[dʒustudʒœ]
procurar (vt)	чустучӯ кардан	[dʒustudʒœ kardan]
suspeita (f)	шубха	[ʃubha]
suspeito (adj)	шубхонок	[ʃubhanok]
parar (veículo, etc.)	нигох доштан	[nigoh doʃtan]
deter (fazer parar)	дастгир кардан	[dastgir kardan]

caso (~ criminal)	кори чиноятй	[kori dʒinojati:]
investigação (f)	тафтиш	[taftiʃ]
detetive (m)	муфаттиши махфй	[mufattiʃi maχfi:]
investigador (m)	муфаттиш	[mufattiʃ]
versão (f)	версия	[versija]

motivo (m)	ангеза	[angeza]
interrogatório (m)	истинток кардан	[istintok kardan]
interrogar (vt)	истинток	[istintok]
questionar (vt)	райпурсй кардан	[rajpursi: kardan]
verificação (f)	тафтиш	[taftiʃ]

batida (f) policial	мухосира,ихота	[muhosira,ihota]
busca (f)	кофтуков	[koftukov]
perseguição (f)	таъқиб	[ta'qib]
perseguir (vt)	таъқиб кардан	[ta'qib kardan]
seguir, rastrear (vt)	поидан	[poidan]

prisão (f)	хабс	[habs]
prender (vt)	хабс кардан	[habs kardan]
pegar, capturar (vt)	дастгир кардан	[dastgir kardan]
captura (f)	дастгир карданй	[dastgir kardani:]
documento (m)	хуччат, санад	[hudʒdʒat], [sanad]

prova (f)	исбот	[isbot]
prova (vt)	исбот кардан	[isbot kardan]
pegada (f)	из, пай	[iz], [paj]
impressões (f pl) digitais	нақши ангуштон	[naqʃi anguʃton]
prova (f)	далел	[dalel]
álibi (m)	алиби	[alibi]
inocente (adj)	бегуноҳ, беайб	[begunoh], [beajb]
injustiça (f)	беадолатӣ	[beadolati:]
injusto (adj)	беинсоф	[beinsof]
criminal (adj)	чиноятӣ	[dʒinojati:]
confiscar (vt)	мусодира кардан	[musodira kardan]
droga (f)	маводи нашъадор	[mavodi naʃʼador]
arma (f)	яроқ	[jaroq]
desarmar (vt)	беярок кардан	[bejarok kardan]
ordenar (vt)	фармон додан	[farmon dodan]
desaparecer (vi)	гум шудан	[gum ʃudan]
lei (f)	қонун	[qonun]
legal (adj)	конунӣ, ... и конун	[konuni:], [i konun]
ilegal (adj)	ғайриқонунӣ	[ʁajriqonuni:]
responsabilidade (f)	чавобгарӣ	[dʒavobgari:]
responsável (adj)	чавобгар	[dʒavobgar]

NATUREZA

A Terra. Parte 1

164. Espaço sideral

espaço, cosmo (m)	кайҳон	[kajhon]
espacial, cósmico (adj)	... и кайҳон	[i kajhon]
espaço (m) cósmico	фазои кайҳон	[fazoi kajhon]
mundo (m)	чаҳон	[dʒahon]
universo (m)	коинот	[koinot]
galáxia (f)	галактика	[galaktika]
estrela (f)	ситора	[sitora]
constelação (f)	бурҷ	[burdʒ]
planeta (m)	сайёра	[sajjora]
satélite (m)	радиф	[radif]
meteorito (m)	метеорит, шихобпора	[meteorit], [ʃihobpora]
cometa (m)	ситораи думдор	[sitorai dumdor]
asteroide (m)	астероид	[asteroid]
órbita (f)	мадор	[mador]
girar (vi)	давр задан	[davr zadan]
atmosfera (f)	атмосфера	[atmosfera]
Sol (m)	Офтоб	[oftob]
Sistema (m) Solar	манзумаи шамсӣ	[manzumai ʃamsi:]
eclipse (m) solar	гирифтани офтоб	[giriftani oftob]
Terra (f)	Замин	[zamin]
Lua (f)	Моҳ	[moh]
Marte (m)	Миррих	[mirrix]
Vênus (f)	Зӯҳра, Ноҳид	[zœhra], [nohid]
Júpiter (m)	Муштарӣ	[muʃtari:]
Saturno (m)	Кайвон	[kajvon]
Mercúrio (m)	Уторид	[utorid]
Urano (m)	Уран	[uran]
Netuno (m)	Нептун	[neptun]
Plutão (m)	Плутон	[pluton]
Via Láctea (f)	Роҳи Каҳкашон	[rohi kahkaʃon]
Ursa Maior (f)	Дубби Акбар	[dubbi akbar]
Estrela Polar (f)	Ситораи қутбӣ	[sitorai qutbi:]
marciano (m)	миррихӣ	[mirrixi:]
extraterrestre (m)	инопланетянҳо	[inoplanetjanho]

alienígena (m)	махлуқи кайҳонй	[maχluqi: kajhoni:]
disco (m) voador	табақи парвозкунанда	[tabaqi parvozkunanda]
espaçonave (f)	киштии кайҳонй	[kiʃti:i kajhoni:]
estação (f) orbital	стантсияи мадорй	[stantsijai madori:]
lançamento (m)	оғоз	[oʁoz]
motor (m)	муҳаррик	[muharrik]
bocal (m)	сопло	[soplo]
combustível (m)	сӯзишворй	[sœziʃvori:]
cabine (f)	кабина	[kabina]
antena (f)	антенна	[antenna]
vigia (f)	иллюминатор	[illjuminator]
bateria (f) solar	батареи офтобй	[batarei oftobi:]
traje (m) espacial	скафандр	[skafandr]
imponderabilidade (f)	бевазнй	[bevazni:]
oxigênio (m)	оксиген	[oksigen]
acoplagem (f)	пайваст	[pajvast]
fazer uma acoplagem	пайваст кардан	[pajvast kardan]
observatório (m)	расадхона	[rasadχona]
telescópio (m)	телескоп	[teleskop]
observar (vt)	мушоҳида кардан	[muʃohida kardan]
explorar (vt)	таҳқиқ кардан	[tahqiq kardan]

165. A Terra

Terra (f)	Замин	[zamin]
globo terrestre (Terra)	кураи замин	[kurai zamin]
planeta (m)	сайёра	[sajjora]
atmosfera (f)	атмосфера	[atmosfera]
geografia (f)	география	[geografija]
natureza (f)	табиат	[tabiat]
globo (mapa esférico)	глобус	[globus]
mapa (m)	харита	[χarita]
atlas (m)	атлас	[atlas]
Ásia (f)	Осиё	[osijo]
África (f)	Африқо	[afriqo]
Austrália (f)	Австралия	[avstralija]
América (f)	Америка	[amerika]
América (f) do Norte	Америкаи Шимолй	[amerikai ʃimoli:]
América (f) do Sul	Америкаи Ҷанубй	[amerikai ʤanubi:]
Antártida (f)	Антарктида	[antarktida]
Ártico (m)	Арктика	[arktika]

166. Pontos cardeais

norte (m)	шимол	[ʃimol]
para norte	ба шимол	[ba ʃimol]
no norte	дар шимол	[dar ʃimol]
do norte (adj)	шимолӣ, ... и шимол	[ʃimoli:], [i ʃimol]
sul (m)	ҷануб	[dʒanub]
para sul	ба ҷануб	[ba dʒanub]
no sul	дар ҷануб	[dar dʒanub]
do sul (adj)	ҷанубӣ, ... и ҷануб	[dʒanubi:], [i dʒanub]
oeste, ocidente (m)	ғарб	[ʁarb]
para oeste	ба ғарб	[ba ʁarb]
no oeste	дар ғарб	[dar ʁarb]
ocidental (adj)	ғарбӣ, ... и ғарб	[ʁarbi:], [i ʁarb]
leste, oriente (m)	шарқ	[ʃarq]
para leste	ба шарқ	[ba ʃarq]
no leste	дар шарқ	[dar ʃarq]
oriental (adj)	шарқӣ	[ʃarqi:]

167. Mar. Oceano

mar (m)	баҳр	[bahr]
oceano (m)	уқёнус	[uqjɔnus]
golfo (m)	халиҷ	[xalidʒ]
estreito (m)	гулӯгоҳ	[gulœgoh]
terra (f) firme	хушкӣ, замин	[xuʃki:], [zamin]
continente (m)	материк, қитъа	[materik], [qit'a]
ilha (f)	ҷазира	[dʒazira]
península (f)	нимҷазира	[nimdʒazira]
arquipélago (m)	галаҷазира	[galadʒazira]
baía (f)	халиҷ	[xalidʒ]
porto (m)	бандар	[bandar]
lagoa (f)	лагуна	[laguna]
cabo (m)	димоға	[dimoʁa]
atol (m)	атолл	[atoll]
recife (m)	харсанги зериобӣ	[xarsangi zeriobi:]
coral (m)	марҷон	[mardʒon]
recife (m) de coral	обсанги марҷонӣ	[obsangi mardʒoni:]
profundo (adj)	чуқур	[tʃuqur]
profundidade (f)	чуқурӣ	[tʃuquri:]
abismo (m)	қаър	[qa'r]
fossa (f) oceânica	чуқурӣ	[tʃuquri:]
corrente (f)	ҷараён	[dʒarajɔn]
banhar (vt)	шустан	[ʃustan]

litoral (m)	соҳил, соҳили баҳр	[sohil], [sohili bahr]
costa (f)	соҳил	[sohil]

maré (f) alta	мадд	[madd]
refluxo (m)	ҷазр	[dʒazr]
restinga (f)	пастоб	[pastob]
fundo (m)	қаър	[qa'r]

onda (f)	мавҷ	[mavdʒ]
crista (f) da onda	теғаи мавҷ	[teʁai mavdʒ]
espuma (f)	кафк	[kafk]

tempestade (f)	тӯфон, бӯрои	[tœfon], [bœroi]
furacão (m)	тундбод	[tundbod]
tsunami (m)	сунами	[sunami]
calmaria (f)	сукунати ҳаво	[sukunati havo]
calmo (adj)	ором	[orom]

polo (m)	қутб	[qutb]
polar (adj)	қутбӣ	[qutbi:]

latitude (f)	арз	[arz]
longitude (f)	тӯл	[tœl]
paralela (f)	параллел	[parallel]
equador (m)	хати истиво	[χati istivo]

céu (m)	осмон	[osmon]
horizonte (m)	уфуқ	[ufuq]
ar (m)	ҳаво	[havo]

farol (m)	мино	[mino]
mergulhar (vi)	ғӯта задан	[ʁœta zadan]
afundar-se (vr)	ғарқ шудан	[ʁarq ʃudan]
tesouros (m pl)	ганҷ	[gandʒ]

168. Montanhas

montanha (f)	кӯҳ	[kœh]
cordilheira (f)	силсилакӯҳ	[silsilakœh]
serra (f)	қаторкӯҳ	[qatorkœh]

cume (m)	кулла	[kulla]
pico (m)	қулла	[qulla]
pé (m)	доманаи кӯҳ	[domanai kœh]
declive (m)	нишебӣ	[niʃebi:]

vulcão (m)	вулқон	[vulqon]
vulcão (m) ativo	вулқони амалкунанда	[vulqoni amalkunanda]
vulcão (m) extinto	вулқони хомӯшшуда	[vulqoni χomœʃʃuda]

erupção (f)	оташфишонӣ	[otaʃfiʃoni:]
cratera (f)	танӯра	[tanœra]
magma (m)	магма, тафта	[magma], [tafta]
lava (f)	гудоза	[gudoza]

fundido (lava ~a)	тафта	[tafta]
cânion, desfiladeiro (m)	оббурда, дара	[obburda], [dara]
garganta (f)	дара	[dara]
fenda (f)	тангно	[tangno]
precipício (m)	партгоҳ	[partgoh]
passo, colo (m)	аѓба	[aʁba]
planalto (m)	пуштаи кӯҳ	[puʃtai kœh]
falésia (f)	шух	[ʃuχ]
colina (f)	теппа	[teppa]
geleira (f)	пиряҳ	[pirjaχ]
cachoeira (f)	шаршара	[ʃarʃara]
gêiser (m)	гейзер	[gejzer]
lago (m)	кул	[kul]
planície (f)	ҳамворӣ	[hamvori:]
paisagem (f)	манзара	[manzara]
eco (m)	акси садо	[aksi sado]
alpinista (m)	кӯҳнавард	[kœhnavard]
escalador (m)	шухпаймо	[ʃuχpajmo]
conquistar (vt)	фатҳ кардан	[fath kardan]
subida, escalada (f)	болобарой	[bolobaroi:]

169. Rios

rio (m)	дарё	[darjɔ]
fonte, nascente (f)	чашма	[ʧaʃma]
leito (m) de rio	маҷрои дарё	[madʒroi darjɔ]
bacia (f)	ҳавза	[havza]
desaguar no ...	рехтан ба ...	[reχtan ba]
afluente (m)	шохоб	[ʃoχob]
margem (do rio)	соҳил	[sohil]
corrente (f)	чараён	[dʒarajɔn]
rio abaixo	мувофиқи рафти об	[muvofiqi rafti ob]
rio acima	муқобили самти об	[muqobili samti ob]
inundação (f)	обхезӣ	[obχezi:]
cheia (f)	обхез	[obχez]
transbordar (vi)	дамидан	[damidan]
inundar (vt)	зер кардан	[zer kardan]
banco (m) de areia	тунукоба	[tunukoba]
corredeira (f)	мавҷрез	[mavdʒrez]
barragem (f)	сарбанд	[sarband]
canal (m)	канал	[kanal]
reservatório (m) de água	обанбор	[obanbor]
eclusa (f)	шлюз	[ʃljuz]
corpo (m) de água	обанбор	[obanbor]
pântano (m)	ботлоқ, ботқоқ	[botloq], [botqoq]

lamaçal (m)	ботлоқ	[botloq]
redemoinho (m)	гирдоб	[girdob]
riacho (m)	чӯй	[dʒœj]
potável (adj)	нӯшиданӣ	[nœʃidani:]
doce (água)	ширин	[ʃirin]
gelo (m)	ях	[jaχ]
congelar-se (vr)	ях бастан	[jaχ bastan]

170. Floresta

floresta (f), bosque (m)	чангал	[dʒangal]
florestal (adj)	чангалӣ	[dʒangali:]
mata (f) fechada	чангалзор	[dʒangalzor]
arvoredo (m)	дарахтзор	[daraχtzor]
clareira (f)	чаман	[tʃaman]
matagal (m)	буттазор	[buttazor]
mato (m), caatinga (f)	буттазор	[buttazor]
pequena trilha (f)	пайраҳа	[pajraha]
ravina (f)	оббурда	[obburda]
árvore (f)	дарахт	[daraχt]
folha (f)	барг	[barg]
folhagem (f)	баргҳои дарахт	[barghoi daraχt]
queda (f) das folhas	баргрезӣ	[bargrezi:]
cair (vi)	рехтан	[reχtan]
topo (m)	нӯг	[nœg]
ramo (m)	шох, шохча	[ʃoχ], [ʃoχtʃa]
galho (m)	шохи дарахг	[ʃoχi daraχg]
botão (m)	мугча	[muʁdʒa]
agulha (f)	сӯзан	[sœzan]
pinha (f)	чалгӯза	[dʒalʁœza]
buraco (m) de árvore	сӯрохи дарахт	[sœroχi daraχt]
ninho (m)	ошёна, лона	[oʃjona], [lona]
toca (f)	хона	[χona]
tronco (m)	тана	[tana]
raiz (f)	реша	[reʃa]
casca (f) de árvore	пӯсти дарахт	[pœsti daraχt]
musgo (m)	ушна	[uʃna]
arrancar pela raiz	реша кофтан	[reʃa koftan]
cortar (vt)	зада буридан	[zada buridan]
desflorestar (vt)	бурида нест кардан	[burida nest kardan]
toco, cepo (m)	кундаи дарахт	[kundai daraχt]
fogueira (f)	гулхан	[gulχan]
incêndio (m) florestal	сӯхтор, оташ	[sœχtor], [otaʃ]

apagar (vt)	хомӯш кардан	[χomœʃ kardan]
guarda-parque (m)	чангалбон	[dʒangalbon]
proteção (f)	нигоҳбонӣ	[nigohboni:]
proteger (a natureza)	нигоҳбонӣ кардан	[nigohboni: kardan]
caçador (m) furtivo	қӯрукшикан	[qœruqʃikan]
armadilha (f)	қапқон, дом	[qapqon], [dom]
colher (cogumelos, bagas)	чидан	[tʃidan]
perder-se (vr)	роҳ гум кардан	[roh gum kardan]

171. Recursos naturais

recursos (m pl) naturais	захираҳои табий	[zaχirahoi tabi:i:]
minerais (m pl)	маъданҳои фоиданок	[ma'danhoi foidanok]
depósitos (m pl)	кон, маъдаи	[kon], [ma'dai]
jazida (f)	кон	[kon]
extrair (vt)	кандан	[kandan]
extração (f)	канданӣ	[kandani:]
minério (m)	маъдан	[ma'dan]
mina (f)	кон	[kon]
poço (m) de mina	чоҳ	[tʃoh]
mineiro (m)	конкан	[konkan]
gás (m)	газ	[gaz]
gasoduto (m)	қубури газ	[quburi gaz]
petróleo (m)	нефт	[neft]
oleoduto (m)	қубури нефт	[quburi neft]
poço (m) de petróleo	чоҳи нафт	[tʃohi naft]
torre (f) petrolífera	бурчи нафткашӣ	[burdʒi naftkaʃi:]
petroleiro (m)	танкер	[tanker]
areia (f)	рег	[reg]
calcário (m)	оҳаксанг	[ohaksang]
cascalho (m)	сангреза, шағал	[sangreza], [ʃaʁal]
turfa (f)	торф	[torf]
argila (f)	гил	[gil]
carvão (m)	ангишт	[angiʃt]
ferro (m)	оҳан	[ohan]
ouro (m)	зар, тилло	[zar], [tillo]
prata (f)	нуқра	[nuqra]
níquel (m)	никел	[nikel]
cobre (m)	мис	[mis]
zinco (m)	руҳ	[ruh]
manganês (m)	манган	[mangan]
mercúrio (m)	симоб	[simob]
chumbo (m)	сурб	[surb]
mineral (m)	минерал, маъдан	[mineral], [ma'dan]
cristal (m)	булӯр, шӯша	[bulœr], [ʃœʃa]
mármore (m)	мармар	[marmar]
urânio (m)	уран	[uran]

A Terra. Parte 2

172. Tempo

tempo (m)	обу ҳаво	[obu havo]
previsão (f) do tempo	пешгӯии ҳаво	[peʃgœi:i havo]
temperatura (f)	ҳарорат	[harorat]
termômetro (m)	ҳароратсанҷ	[haroratsandʒ]
barômetro (m)	барометр, ҳавосанҷ	[barometr], [havosandʒ]
úmido (adj)	намнок	[namnok]
umidade (f)	намӣ, рутубат	[nami:], [rutubat]
calor (m)	гармӣ	[garmi:]
tórrido (adj)	тафсон	[tafson]
está muito calor	ҳаво тафсон аст	[havo tafson ast]
está calor	ҳаво гарм аст	[havo garm ast]
quente (morno)	гарм	[garm]
está frio	ҳаво сард аст	[havo sard ast]
frio (adj)	хунук, сард	[χunuk], [sard]
sol (m)	офтоб	[oftob]
brilhar (vi)	тобидан	[tobidan]
de sol, ensolarado	... и офтоб	[i oftob]
nascer (vi)	баромадан	[baromadan]
pôr-se (vr)	паст шудан	[past ʃudan]
nuvem (f)	абр	[abr]
nublado (adj)	... и абр, абрӣ	[i abr], [abri:]
nuvem (f) preta	абри сиёҳ	[abri sijoh]
escuro, cinzento (adj)	абрнок	[abrnok]
chuva (f)	борон	[boron]
está a chover	борон меборад	[boron meborad]
chuvoso (adj)	серборон	[serboron]
chuviscar (vi)	сим-сим боридан	[sim-sim boridan]
chuva (f) torrencial	борони сахт	[boroni saχt]
aguaceiro (m)	борони сел	[boroni sel]
forte (chuva, etc.)	сахт	[saχt]
poça (f)	кӯлмак	[kœlmak]
molhar-se (vr)	шилтиқ шудан	[ʃiltiq ʃudan]
nevoeiro (m)	туман	[tuman]
de nevoeiro	... и туман	[i tuman]
neve (f)	барф	[barf]
está nevando	барф меборад	[barf meborad]

173. Tempo extremo. Catástrofes naturais

trovoada (f)	раъду барк	[ra'du bark]
relâmpago (m)	барқ	[barq]
relampejar (vi)	дурахшидан	[duraxʃidan]
trovão (m)	тундар	[tundar]
trovejar (vi)	гулдуррос задан	[guldurros zadan]
está trovejando	раъд гулдуррос мезанад	[ra'd guldurros mezanad]
granizo (m)	жола	[ʒola]
está caindo granizo	жола меборад	[ʒola meborad]
inundar (vt)	зер кардан	[zer kardan]
inundação (f)	обхезй	[obxezi:]
terremoto (m)	заминчунбй	[zamindʒunbi:]
abalo, tremor (m)	заминчунбй,такон	[zamindʒunbi:,takon]
epicentro (m)	эпимарказ	[ɛpimarkaz]
erupção (f)	оташфишонй	[otaʃfiʃoni:]
lava (f)	гудоза	[gudoza]
tornado (m)	гирдбод	[girdbod]
tornado (m)	торнадо	[tornado]
tufão (m)	тӯфон	[tœfon]
furacão (m)	тундбод	[tundbod]
tempestade (f)	тӯфон, бӯрои	[tœfon], [bœroi]
tsunami (m)	сунами	[sunami]
ciclone (m)	сиклон	[siklon]
mau tempo (m)	ҳавои бад	[havoi bad]
incêndio (m)	сӯхтор, оташ	[sœxtor], [otaʃ]
catástrofe (f)	садама, фалокат	[sadama], [falokat]
meteorito (m)	метеорит, шиҳобпора	[meteorit], [ʃihobpora]
avalanche (f)	тарма	[tarma]
deslizamento (m) de neve	тарма	[tarma]
nevasca (f)	бӯрони барфӣ	[bœroni barfi:]
tempestade (f) de neve	бӯрон	[bœron]

Fauna

174. Mamíferos. Predadores

predador (m)	дарранда	[darranda]
tigre (m)	бабр, паланг	[babr], [palang]
leão (m)	шер	[ʃer]
lobo (m)	гург	[gurg]
raposa (f)	рӯбоҳ	[rœboh]
jaguar (m)	юзи ало	[juzi alo]
leopardo (m)	паланг	[palang]
chita (f)	юз	[juz]
pantera (f)	пантера	[pantera]
puma (m)	пума	[puma]
leopardo-das-neves (m)	шерпаланг	[ʃerpalang]
lince (m)	силовсин	[silovsin]
coiote (m)	койот	[kojɔt]
chacal (m)	шагол	[ʃagol]
hiena (f)	кафтор	[kaftor]

175. Animais selvagens

animal (m)	ҳайвон	[hajvon]
besta (f)	ҳайвони ваҳшй	[hajvoni vahʃi:]
esquilo (m)	санчоб	[sandʒob]
ouriço (m)	хорпушт	[χorpuʃt]
lebre (f)	заргӯш	[zargœʃ]
coelho (m)	харгӯш	[χargœʃ]
texugo (m)	қашқалдоқ	[qaʃqaldoq]
guaxinim (m)	енот	[enot]
hamster (m)	миримӯшон	[mirimœʃon]
marmota (f)	суғур	[suʁur]
toupeira (f)	кӯрмуш	[kœrmuʃ]
rato (m)	муш	[muʃ]
ratazana (f)	калламуш	[kallamuʃ]
morcego (m)	кӯршапарак	[kœrʃaparak]
arminho (m)	қоқум	[qoqum]
zibelina (f)	самур	[samur]
marta (f)	савсор	[savsor]
doninha (f)	росу	[rosu]
visom (m)	вашақ	[vaʃaq]

| castor (m) | кундуз | [kunduz] |
| lontra (f) | сагоби | [sagobi] |

cavalo (m)	асп	[asp]
alce (m)	шоҳгавазн	[ʃohgavazn]
veado (m)	гавазн	[gavazn]
camelo (m)	шутур, уштур	[ʃutur], [uʃtur]

bisão (m)	бизон	[bizon]
auroque (m)	гови ваҳшӣ	[govi vahʃi:]
búfalo (m)	говмеш	[govmeʃ]

zebra (f)	гӯрхар	[gœrχar]
antílope (m)	антилопа, ғизол	[antilopa], [ʁizol]
corça (f)	оху	[ohu]
gamo (m)	оху	[ohu]
camurça (f)	нахчир, бузи кӯҳӣ	[naχʧir], [buzi kœhi:]
javali (m)	хуки ваҳши	[χuki vahʃi]

baleia (f)	кит, наҳанг	[kit], [nahang]
foca (f)	тюлен	[tjulen]
morsa (f)	морж	[morʒ]
urso-marinho (m)	гурбаи обӣ	[gurbai obi:]
golfinho (m)	делфин	[delfin]

urso (m)	хирс	[χirs]
urso (m) polar	хирси сафед	[χirsi safed]
panda (m)	панда	[panda]

macaco (m)	маймун	[majmun]
chimpanzé (m)	шимпанзе	[ʃimpanze]
orangotango (m)	орангутанг	[orangutang]
gorila (m)	горилла	[gorilla]
macaco (m)	макака	[makaka]
gibão (m)	гиббон	[gibbon]

elefante (m)	фил	[fil]
rinoceronte (m)	карк, каркадан	[kark], [karkadan]
girafa (f)	заррофа	[zarrofa]
hipopótamo (m)	баҳмут	[bahmut]

| canguru (m) | кенгуру | [kenguru] |
| coala (m) | коала | [koala] |

mangusto (m)	росу	[rosu]
chinchila (f)	вашақ	[vaʃaq]
cangambá (f)	скунс	[skuns]
porco-espinho (m)	чайра, дугпушт	[dʒajra], [dugpuʃt]

176. Animais domésticos

gata (f)	гурба	[gurba]
gato (m) macho	гурбаи нар	[gurbai nar]
cão (m)	саг	[sag]

cavalo (m)	асп	[asp]
garanhão (m)	айғир, аспи нар	[ajʁir], [aspi nar]
égua (f)	модиён, байтал	[modijɔn], [bajtal]

vaca (f)	гов	[gov]
touro (m)	барзагов	[barzagov]
boi (m)	барзагов	[barzagov]

ovelha (f)	меш, гӯсфанд	[meʃ], [gœsfand]
carneiro (m)	гӯсфанд	[gœsfand]
cabra (f)	буз	[buz]
bode (m)	така, серка	[taka], [serka]

| burro (m) | хар, маркаб | [χar], [markab] |
| mula (f) | хачир | [χatʃir] |

porco (m)	хук	[χuq]
leitão (m)	хукбача	[χukbatʃa]
coelho (m)	харгӯш	[χargœʃ]

| galinha (f) | мурғ | [murʁ] |
| galo (m) | хурӯс | [χurœs] |

pata (f), pato (m)	мурғобӣ	[murʁobi:]
pato (m)	мурғобии нар	[murʁobi:i nar]
ganso (m)	қоз, ғоз	[qoz], [ʁoz]

| peru (m) | хурӯси мурғи марчон | [χurœsi murʁi mardʒon] |
| perua (f) | мокиён мурғи марчон | [mokijɔni murʁi mardʒon] |

animais (m pl) domésticos	ҳайвони хонагӣ	[hajvoni χonagi:]
domesticado (adj)	ромшуда	[romʃuda]
domesticar (vt)	дастомӯз кардан	[dastomœz kardan]
criar (vt)	калон кардан	[kalon kardan]

fazenda (f)	ферма	[ferma]
aves (f pl) domésticas	паррандаи хонагӣ	[parrandai χonagi:]
gado (m)	чорво	[tʃorvo]
rebanho (m), manada (f)	пода	[poda]

estábulo (m)	саисхона, аспхона	[saisχona], [aspχona]
chiqueiro (m)	хукхона	[χukχona]
estábulo (m)	оғил, говхона	[oʁil], [govχona]
coelheira (f)	харгӯшхона	[χargœʃχona]
galinheiro (m)	мурғхона	[murʁχona]

177. Cães. Raças de cães

cão (m)	саг	[sag]
cão pastor (m)	саги чӯпонӣ	[sagi tʃœponi:]
pastor-alemão (m)	афчаркаи немисӣ	[aftʃarkai nemisi:]
poodle (m)	пудел	[pudel]
linguicinha (m)	такса	[taksa]
buldogue (m)	булдог	[buldog]

boxer (m)	боксёр	[boksjɔr]
mastim (m)	мастиф	[mastif]
rottweiler (m)	ротвейлер	[rotvejler]
dóberman (m)	доберман	[doberman]

basset (m)	бассет	[basset]
pastor inglês (m)	бобтейл	[bobtejl]
dálmata (m)	далматинес	[dalmatines]
cocker spaniel (m)	кокер-спаниел	[koker-spaniel]

| terra-nova (m) | нюфаунленд | [njufaunlend] |
| são-bernardo (m) | сенбернар | [senbernar] |

husky (m) siberiano	хаски	[χaski]
Chow-chow (m)	чау-чау	[ʧau-ʧau]
spitz alemão (m)	шпитс	[ʃpits]
pug (m)	мопс, саги хонагӣ	[mops], [sagi χonagi:]

178. Sons produzidos pelos animais

latido (m)	аккос	[akkos]
latir (vi)	аккос задан	[akkos zadan]
miar (vi)	мияв-мияв кардан	[mijav-mijav kardan]
ronronar (vi)	мав-мав кардан	[mav-mav kardan]

mugir (vaca)	маос задан	[maos zadan]
bramir (touro)	ғурридан	[ʁurridan]
rosnar (vi)	ғуррос задан	[ʁurros zadan]

uivo (m)	уллос	[ullos]
uivar (vi)	уллос кашидан	[ullos kaʃidan]
ganir (vi)	мингос задан	[mingos zadan]

balir (vi)	баос задан	[baos zadan]
grunhir (vi)	хур-хур кардан	[χur-χur kardan]
guinchar (vi)	вангас кардан	[vangas kardan]

coaxar (sapo)	вақ-вақ кардан	[vaq-vaq kardan]
zumbir (inseto)	виззос задан	[vizzos zadan]
ziziar (vi)	чиррос задан	[ʧirros zadan]

179. Pássaros

pássaro (m), ave (f)	паранда	[paranda]
pombo (m)	кафтар	[kaftar]
pardal (m)	гунҷишк, чумчук	[gundʒiʃk], [ʧumʧuk]
chapim-real (m)	фотимачумчук	[fotimaʧumʧuq]
pega-rabuda (f)	акка	[akka]

corvo (m)	зоғ	[zoʁ]
gralha-cinzenta (f)	зоғи ало	[zoʁi alo]
gralha-de-nuca-cinzenta (f)	зоғча	[zoʁʧa]

gralha-calva (f)	шӯрнӯл	[ʃœrnœl]
pato (m)	мурғобӣ	[murʁobi:]
ganso (m)	қоз, ғоз	[qoz], [ʁoz]
faisão (m)	тазарв	[tazarv]

águia (f)	укоб	[ukob]
açor (m)	пайғу	[pajʁu]
falcão (m)	боз, шоҳин	[boz], [ʃohin]
abutre (m)	каргас	[kargas]
condor (m)	кондор	[kondor]

cisne (m)	қу	[qu]
grou (m)	куланг, турна	[kulang], [turna]
cegonha (f)	лаклак	[laklak]
papagaio (m)	тӯтӣ	[tœti:]
beija-flor (m)	колибри	[kolibri]
pavão (m)	товус	[tovus]

avestruz (m)	шутурмурғ	[ʃuturmurʁ]
garça (f)	ҳавосил	[havosil]
flamingo (m)	бутимор	[butimor]
pelicano (m)	мурғи саққо	[murʁi saqqo]

rouxinol (m)	булбул	[bulbul]
andorinha (f)	фароштурук	[faroʃturuk]
tordo-zornal (m)	дурроч	[durrodʒ]
tordo-músico (m)	дуррочи хушхон	[durrodʒi xuʃxon]
melro-preto (m)	дуррочи сиёҳ	[durrodʒi sijɔh]

andorinhão (m)	досак	[dosak]
cotovia (f)	чӯр, чаковак	[dʒœr], [tʃakovak]
codorna (f)	бедона	[bedona]

cuco (m)	фохтак	[foxtak]
coruja (f)	бум, чуғз	[bum], [dʒuʁz]
bufo-real (m)	чуғз	[tʃuʁz]
tetraz-grande (m)	дурроч	[durrodʒ]
tetraz-lira (m)	титав	[titav]
perdiz-cinzenta (f)	кабк, каклик	[kabk], [kaklik]

estorninho (m)	сор, соч	[sor], [sotʃ]
canário (m)	канарейка	[kanarejka]
galinha-do-mato (f)	рябчик	[rjabtʃik]
tentilhão (m)	саъва	[sa'va]
dom-fafe (m)	севғар	[sevʁar]

gaivota (f)	моҳихӯрак	[mohixœrak]
albatroz (m)	уқоби баҳрӣ	[uqobi bahri:]
pinguim (m)	пингвин	[pingvin]

180. Pássaros. Canto e sons

| cantar (vi) | хондан | [xondan] |
| gritar, chamar (vi) | наъра кашидан | [na'ra kaʃidan] |

| cantar (o galo) | чеғи хурӯс | [dʒeʁi χurœs] |
| cocorocó (m) | ку-ку-ку-ку | [qu-qu-qu-ku] |

cacarejar (vi)	кут-кут кардан	[qut-qut kardan]
crocitar (vi)	қарқар кардан	[qarqar kardan]
grasnar (vi)	ғоқ-ғок кардан	[ʁoq-ʁok kardan]
piar (vi)	чӣ-чӣ кардан	[tʃiː-tʃiː kardan]
chilrear, gorjear (vi)	чириқ-чириқ кардан	[tʃiriq-tʃiriq kardan]

181. Peixes. Animais marinhos

brema (f)	симмоҳӣ	[simmohiː]
carpa (f)	капур	[kapur]
perca (f)	аломоҳӣ	[alomohiː]
siluro (m)	лаққамоҳӣ	[laqqamohiː]
lúcio (m)	шӯртан	[ʃœrtan]

| salmão (m) | озодмоҳӣ | [ozodmohiː] |
| esturjão (m) | тосмоҳӣ | [tosmohiː] |

| arenque (m) | шӯрмоҳӣ | [ʃœrmohiː] |
| salmão (m) do Atlântico | озодмоҳӣ | [ozodmoχiː] |

| cavala, sarda (f) | зағӯтамоҳӣ | [zaʁœtamohiː] |
| solha (f), linguado (m) | камбала | [kambala] |

| lúcio perca (m) | суфмоҳӣ | [sufmohiː] |
| bacalhau (m) | равғанмоҳӣ | [ravʁanmohiː] |

| atum (m) | самак | [samak] |
| truta (f) | гулмоҳӣ | [gulmohiː] |

| enguia (f) | мормоҳӣ | [mormohiː] |
| raia (f) elétrica | скати барқдор | [skati barqdor] |

| moreia (f) | мурена | [murena] |
| piranha (f) | пираня | [piranja] |

tubarão (m)	наҳанг	[nahang]
golfinho (m)	делфин	[delfin]
baleia (f)	кит, наҳанг	[kit], [nahang]

caranguejo (m)	харчанг	[χartʃang]
água-viva (f)	медуза	[meduza]
polvo (m)	ҳаштпо	[haʃtpo]

estrela-do-mar (f)	ситораи баҳрӣ	[sitorai bahriː]
ouriço-do-mar (m)	хорпушти баҳрӣ	[χorpuʃti bahriː]
cavalo-marinho (m)	аспакмоҳӣ	[aspakmohiː]

ostra (f)	садафак	[sadafak]
camarão (m)	креветка	[krevetka]
lagosta (f)	харчанги баҳрӣ	[χartʃangi bahriː]
lagosta (f)	лангуст	[langust]

182. Anfíbios. Répteis

cobra (f)	мор	[mor]
venenoso (adj)	заҳрдор	[zahrdor]
víbora (f)	мори афъй	[mori afʼi:]
naja (f)	мори айнакдор, кӯбро	[mori ajnakdor], [kœbro]
píton (m)	мори печон	[mori petʃon]
jiboia (f)	мори печон	[mori petʃon]
cobra-de-água (f)	мори обй	[mori obi:]
cascavel (f)	шақшақамор	[ʃaqʃaqamor]
anaconda (f)	анаконда	[anakonda]
lagarto (m)	калтакалос	[kaltakalos]
iguana (f)	сусмор, игуана	[susmor], [iguana]
varano (m)	сусмор	[susmor]
salamandra (f)	калтакалос	[kaltakalos]
camaleão (m)	бӯқаламун	[bœqalamun]
escorpião (m)	каждум	[kaʒdum]
tartaruga (f)	сангпушт	[sangpuʃt]
rã (f)	қурбоққа	[qurboqqa]
sapo (m)	ғук, қурбоққаи чӯлй	[ʁuk], [qurboqqai tʃœli:]
crocodilo (m)	тимсоҳ	[timsoh]

183. Insetos

inseto (m)	ҳашарот	[haʃarot]
borboleta (f)	шапалак	[ʃapalak]
formiga (f)	мӯрча	[mœrtʃa]
mosca (f)	магас	[magas]
mosquito (m)	пашша	[paʃʃa]
escaravelho (m)	гамбуск	[gambusk]
vespa (f)	ору	[oru]
abelha (f)	занбӯри асал	[zanbœri asal]
mamangaba (f)	говзанбӯр	[govzanbœr]
moscardo (m)	ғурмагас	[ʁurmagas]
aranha (f)	тортанак	[tortanak]
teia (f) de aranha	тори тортанак	[tori tortanak]
libélula (f)	сӯзанак	[sœzanak]
gafanhoto (m)	малах	[malaχ]
traça (f)	шапалак	[ʃapalak]
barata (f)	нонхӯрак	[nonχœrak]
carrapato (m)	кана	[kana]
pulga (f)	кайк	[kajk]
borrachudo (m)	пашша	[paʃʃa]
gafanhoto (m)	малах	[malaχ]
caracol (m)	тӯкумшуллуқ	[tœkumʃulluq]

grilo (m)	чирчирак	[tʃirtʃirak]
pirilampo, vaga-lume (m)	шабтоб	[ʃabtob]
joaninha (f)	момохолак	[momoχolak]
besouro (m)	гамбуски саврй	[gambuski savri:]

sanguessuga (f)	шуллук	[ʃulluk]
lagarta (f)	кирм	[kirm]
minhoca (f)	кирм	[kirm]
larva (f)	кирм	[kirm]

184. Animais. Partes do corpo

bico (m)	нӯл, минқор	[nœl], [minqor]
asas (f pl)	қанот	[qanot]
pata (f)	пой	[poj]
plumagem (f)	болу пар	[bolu par]
pena, pluma (f)	пар	[par]
crista (f)	пӯпӣ	[pœpi:]

brânquias, guelras (f pl)	ғалсама	[ʁalsama]
ovas (f pl)	тухм	[tuχm]
larva (f)	кирм, кирмак	[kirm], [kirmak]
barbatana (f)	қаноти мохй	[qanoti mohi:]
escama (f)	пулакча	[pulaktʃa]

presa (f)	дандони ашк	[dandoni aʃk]
pata (f)	панча	[pandʒa]
focinho (m)	фук	[fuk]
boca (f)	дахон	[dahon]
cauda (f), rabo (m)	дум	[dum]
bigodes (m pl)	муйлаб, бурут	[mujlab], [burut]

| casco (m) | сум | [sum] |
| corno (m) | шох | [ʃoχ] |

carapaça (f)	косаи сангпушт	[kosai sangpuʃt]
concha (f)	гӯшмохй, садаф	[gœʃmohi:], [sadaf]
casca (f) de ovo	пӯчоқи тухм	[pœtʃoqi tuχm]

| pelo (m) | пашм | [paʃm] |
| pele (f), couro (m) | пуст | [pust] |

185. Animais. Habitats

| hábitat (m) | мухити хаёт | [muhiti hajot] |
| migração (f) | кӯчидан | [kœtʃidan] |

montanha (f)	кӯх	[kœh]
recife (m)	харсанги зериобй	[χarsangi zeriobi:]
falésia (f)	шух	[ʃuχ]
floresta (f)	чангал	[dʒangal]
selva (f)	чангал	[dʒangal]

savana (f)	саванна	[savanna]
tundra (f)	тундра	[tundra]
estepe (f)	дашт, чӯл	[daʃt], [tʃœl]
deserto (m)	биёбон	[bijɔbon]
oásis (m)	воҳа	[voha]
mar (m)	баҳр	[bahr]
lago (m)	кул	[kul]
oceano (m)	уқёнус	[uqjɔnus]
pântano (m)	ботлоқ, ботқоқ	[botloq], [botqoq]
de água doce	… и оби ширин	[i obi ʃirin]
lagoa (f)	сарҳавз	[sarhavz]
rio (m)	дарё	[darjɔ]
toca (f) do urso	хонаи хирс	[xonai xirs]
ninho (m)	ошёна, лона	[oʃjona], [lona]
buraco (m) de árvore	сӯрохи дарахт	[sœroxi daraxt]
toca (f)	хона	[xona]
formigueiro (m)	мӯрчахона	[mœrtʃaxona]

Flora

186. Árvores

árvore (f)	дарахт	[daraχt]
decídua (adj)	паҳнбарг	[pahnbarg]
conífera (adj)	… и сӯзанбарг	[i sœzanbarg]
perene (adj)	ҳамешасабз	[hameʃasabz]
macieira (f)	дарахти себ	[daraχti seb]
pereira (f)	дарахти нок	[daraχti nok]
cerejeira (f)	дарахти гелос	[daraχti gelos]
ginjeira (f)	дарахти олуболу	[daraχti olubolu]
ameixeira (f)	дарахти олу	[daraχti olu]
bétula (f)	тӯс	[tœs]
carvalho (m)	булут	[bulut]
tília (f)	зерфун	[zerfun]
choupo-tremedor (m)	сиёхбед	[sijɔhbed]
bordo (m)	заранг	[zarang]
espruce (m)	коҷ, ел	[koʤ], [el]
pinheiro (m)	санавбар	[sanavbar]
alerce, lariço (m)	коҷи баргрез	[koʤi bargrez]
abeto (m)	пихта	[piχta]
cedro (m)	дарахти чалғӯза	[daraχti ʤalʁœza]
choupo, álamo (m)	сафедор	[safedor]
tramazeira (f)	ғубайро	[ʁubajro]
salgueiro (m)	бед	[bed]
amieiro (m)	роздор	[rozdor]
faia (f)	бук, олаш	[buk], [olaʃ]
ulmeiro, olmo (m)	дарахти ларг	[daraχti larg]
freixo (m)	шумтол	[ʃumtol]
castanheiro (m)	шохбулут	[ʃohbulut]
magnólia (f)	магнолия	[magnolija]
palmeira (f)	нахл	[naχl]
cipreste (m)	дарахти сарв	[daraχti sarv]
mangue (m)	дарахти анбаҳ	[daraχti anbah]
embondeiro, baobá (m)	баобаб	[baobab]
eucalipto (m)	эвкалипт	[ɛvkalipt]
sequoia (f)	секвойя	[sekvojja]

187. Arbustos

arbusto (m)	бутта	[butta]
arbusto (m), moita (f)	бутта	[butta]

| videira (f) | ток | [tok] |
| vinhedo (m) | токзор | [tokzor] |

framboeseira (f)	тамашк	[tamaʃk]
groselheira-negra (f)	қоти сиёх	[qoti sijɔh]
groselheira-vermelha (f)	коти сурх	[koti surχ]
groselheira (f) espinhosa	бектошй	[bektoʃi:]

acácia (f)	акатсия, ақоқиё	[akatsija], [aqoqijɔ]
bérberis (f)	буттаи зирк	[buttai zirk]
jasmim (m)	ёсуман	[jɔsuman]

junípero (m)	арча, ардач	[artʃa], [ardadʒ]
roseira (f)	буттаи гул	[buttai gul]
roseira (f) brava	хуч	[χuʧ]

188. Cogumelos

cogumelo (m)	занбӯруғ	[zanbœruʁ]
cogumelo (m) comestível	занбӯруғи хӯрданй	[zanbœruʁi χœrdani:]
cogumelo (m) venenoso	занбӯруғи захрнок	[zanbœruʁi zahrnok]
chapéu (m)	кулохаки занбӯруғ	[kulohaki zanbœruʁ]
pé, caule (m)	тана	[tana]

boleto, porcino (m)	занбӯруғи сафед	[zanbœruʁi safed]
boleto (m) alaranjado	занбӯруғи сурх	[zanbœruʁi surχ]
boleto (m) de bétula	занбӯруғи тӯсй	[zanbœruʁi tœsi:]
cantarelo (m)	қӯзиқандй	[qœziqandi:]
rússula (f)	занбӯруғи хомхӯрак	[zanbœruʁi χomχœrak]

morchella (f)	бурмазанбӯруғ	[burmazanbœruʁ]
agário-das-moscas (m)	маргимагас	[margimagas]
cicuta (f) verde	занбӯруғи захрнок	[zanbœruʁi zahrnok]

189. Frutos. Bagas

| fruta (f) | мева, самар | [meva], [samar] |
| frutas (f pl) | мевахо, самархо | [mevaho], [samarho] |

maçã (f)	себ	[seb]
pera (f)	мурӯд, нок	[murœd], [nok]
ameixa (f)	олу	[olu]

morango (m)	кулфинай	[qulfinaj]
ginja (f)	олуболу	[olubolu]
cereja (f)	гелос	[gelos]
uva (f)	ангур	[angur]

framboesa (f)	тамашк	[tamaʃk]
groselha (f) negra	қоти сиёх	[qoti sijɔh]
groselha (f) vermelha	коти сурх	[koti surχ]
groselha (f) espinhosa	бектошй	[bektoʃi:]

oxicoco (m)	клюква	[kljukva]
laranja (f)	афлесун, пӯртахол	[aflesun], [pœrtaχol]
tangerina (f)	норанг	[norang]
abacaxi (m)	ананас	[ananas]
banana (f)	банан	[banan]
tâmara (f)	хурмо	[χurmo]
limão (m)	лиму	[limu]
damasco (m)	дарахти зардолу	[daraχti zardolu]
pêssego (m)	шафтолу	[ʃaftolu]
quiuí (m)	кивй	[kivi:]
toranja (f)	норинч	[norindʒ]
baga (f)	буттамева	[buttameva]
bagas (f pl)	буттамевахо	[buttamevaho]
arando (m) vermelho	брусника	[brusnika]
morango-silvestre (m)	тути заминй	[tuti zamini:]
mirtilo (m)	черника	[tʃernika]

190. Flores. Plantas

flor (f)	гул	[gul]
buquê (m) de flores	дастаи гул	[dastai gul]
rosa (f)	гул, гули садбарг	[gul], [guli sadbarg]
tulipa (f)	лола	[lola]
cravo (m)	гули мехак	[guli meχak]
gladíolo (m)	гули ёкут	[guli joqut]
centáurea (f)	тугмагул	[tugmagul]
campainha (f)	гули момо	[guli momo]
dente-de-leão (m)	коку	[koqu]
camomila (f)	бобуна	[bobuna]
aloé (m)	уд, сабр, алоэ	[ud], [sabr], [aloɛ]
cacto (m)	гули ханчарй	[guli χandʒari:]
fícus (m)	тутанчир	[tutandʒir]
lírio (m)	савсан	[savsan]
gerânio (m)	анчибар	[andʒibar]
jacinto (m)	сунбул	[sunbul]
mimosa (f)	нозгул	[nozgul]
narciso (m)	наргис	[nargis]
capuchinha (f)	настаран	[nastaran]
orquídea (f)	сахлаб, сӯхлаб	[sahlab], [sœhlab]
peônia (f)	гули ашрафй	[guli aʃrafi:]
violeta (f)	бунафша	[bunafʃa]
amor-perfeito (m)	бунафшаи farangй	[bunafʃai farangi:]
não-me-esqueças (m)	марзангӯш	[marzangœʃ]
margarida (f)	гули марворидак	[guli marvoridak]
papoula (f)	кӯкнор	[kœknor]

cânhamo (m)	бангдона, канаб	[bangdona], [kanab]
hortelã, menta (f)	пудина	[pudina]
lírio-do-vale (m)	гули барфак	[guli barfak]
campânula-branca (f)	бойчечак	[bojʧeʧak]
urtiga (f)	газна	[gazna]
azedinha (f)	шилха	[ʃilχa]
nenúfar (m)	нилуфари сафед	[nilufari safed]
samambaia (f)	фарн	[farn]
líquen (m)	гулсанг	[gulsang]
estufa (f)	гулхона	[gulχona]
gramado (m)	чаман, сабзазор	[ʧaman], [sabzazor]
canteiro (m) de flores	гулзор	[gulzor]
planta (f)	растанй	[rastani:]
grama (f)	алаф	[alaf]
folha (f) de grama	хас	[χas]
folha (f)	барг	[barg]
pétala (f)	гулбарг	[gulbarg]
talo (m)	поя	[poja]
tubérculo (m)	бех, дона	[beχ], [dona]
broto, rebento (m)	неш	[neʃ]
espinho (m)	хор	[χor]
florescer (vi)	гул кардан	[gul kardan]
murchar (vi)	пажмурда шудан	[paʒmurda ʃudan]
cheiro (m)	бӯй	[bœj]
cortar (flores)	буридан	[buridan]
colher (uma flor)	кандан	[kandan]

191. Cereais, grãos

grão (m)	дона, ғалла	[dona], [ʁalla]
cereais (plantas)	растанихои ғалладона	[rastanihoi ʁalladona]
espiga (f)	хӯша	[χœʃa]
trigo (m)	гандум	[gandum]
centeio (m)	чавдор	[ʤavdor]
aveia (f)	хуртумон	[hurtumon]
painço (m)	арзан	[arzan]
cevada (f)	чав	[ʤav]
milho (m)	чуворимакка	[ʤuvorimakka]
arroz (m)	шолй, биринч	[ʃoli:], [birinʤ]
trigo-sarraceno (m)	марчумак	[marʤumak]
ervilha (f)	нахӯд	[naχœd]
feijão (m) roxo	лӯбиё	[lœbijɔ]
soja (f)	соя	[soja]
lentilha (f)	наск	[nask]
feijão (m)	лӯбиё	[lœbijɔ]

GEOGRAFIA REGIONAL

Países. Nacionalidades

192. Política. Governo. Parte 1

política (f)	сиёсат	[sijɔsat]
político (adj)	сиёсӣ	[sijɔsi:]
político (m)	сиёсатмадор	[sijɔsatmador]
estado (m)	давлат	[davlat]
cidadão (m)	гражданин	[graʒdanin]
cidadania (f)	гражданият	[graʒdanijat]
brasão (m) de armas	нишони миллӣ	[niʃoni milli:]
hino (m) nacional	гимн	[gimn]
governo (m)	ҳукумат	[hukumat]
Chefe (m) de Estado	раиси кишвар	[raisi kiʃvar]
parlamento (m)	маҷлис	[madʒlis]
partido (m)	ҳизб	[hizb]
capitalismo (m)	капитализм	[kapitalizm]
capitalista (adj)	капиталистӣ	[kapitalisti:]
socialismo (m)	сотсиализм	[sotsializm]
socialista (adj)	сотсиалистӣ	[sotsialisti:]
comunismo (m)	коммунизм	[kommunizm]
comunista (adj)	коммунистӣ	[kommunisti:]
comunista (m)	коммунист	[kommunist]
democracia (f)	демократия	[demokratija]
democrata (m)	демократ	[demokrat]
democrático (adj)	демократӣ	[demokrati:]
Partido (m) Democrático	ҳизби демократӣ	[hizbi demokrati:]
liberal (m)	либерал	[liberal]
liberal (adj)	либералӣ, ... и либерал	[liberali:], [i liberal]
conservador (m)	консерватор	[konservator]
conservador (adj)	консервативӣ	[konservativi:]
república (f)	ҷумҳурият	[dʒumhurijat]
republicano (m)	ҷумҳурихоҳ	[dʒumhurixoh]
Partido (m) Republicano	ҳизби ҷумҳурихоҳон	[hizbi dʒumhurixohon]
eleições (f pl)	интихобот	[intixobot]
eleger (vt)	интихоб кардан	[intixob kardan]
eleitor (m)	интихобкунанда	[intixobkunanda]

campanha (f) eleitoral	маъракаи интихоботй	[ma'rakai intiχoboti:]
votação (f)	овоздихй	[ovozdihi:]
votar (vi)	овоз додан	[ovoz dodan]
sufrágio (m)	хукуки овоздихй	[huquqi ovozdihi:]

candidato (m)	номзад	[nomzad]
candidatar-se (vi)	номзад интихоб шудан	[nomzad intiχob ʃudan]
campanha (f)	маърака	[ma'raka]

| da oposição | мухолиф | [muχolif] |
| oposição (f) | оппозитсия | [oppozitsija] |

visita (f)	ташриф	[taʃrif]
visita (f) oficial	ташрифи расмй	[taʃrifi rasmi:]
internacional (adj)	байналхалкй	[bajnalχalqi:]

| negociações (f pl) | гуфтугузор | [guftuguzor] |
| negociar (vi) | гуфтушунид гузарондан | [guftuʃunid guzarondan] |

193. Política. Governo. Parte 2

sociedade (f)	чамъият	[dʒam'ijat]
constituição (f)	конститутсия	[konstitutsija]
poder (ir para o ~)	хокимият	[hokimijat]
corrupção (f)	ришватхӯрй	[riʃvatχœri:]

| lei (f) | конун | [qonun] |
| legal (adj) | конунй, ... и конун | [konuni:], [i konun] |

| justeza (f) | хакконият | [haqqonijat] |
| justo (adj) | хакконй | [haqqoni:] |

comitê (m)	комитет	[komitet]
projeto-lei (m)	лоихаи конун	[loihai qonun]
orçamento (m)	бучет	[budʒet]
política (f)	сиёсат	[sijɔsat]
reforma (f)	ислохот	[islohot]
radical (adj)	радикалй	[radikali:]

força (f)	кувва	[quvva]
poderoso (adj)	тавоно	[tavono]
partidário (m)	тарафдор	[tarafdor]
influência (f)	таъсир, нуфуз	[ta'sir], [nufuz]

regime (m)	тартибот	[tartibot]
conflito (m)	низоъ	[nizo']
conspiração (f)	суикасд	[suiqasd]
provocação (f)	игво	[iʁvo]

derrubar (vt)	сарнагун кардан	[sarnagun kardan]
derrube (m), queda (f)	сарнагун кардани	[sarnagun kardani]
revolução (f)	инкилоб	[inqilob]
golpe (m) de Estado	табаддулот	[tabaddulot]
golpe (m) militar	табаддулоти харби	[tabadduloti harbi]

crise (f)	бӯхрон	[bœhron]
recessão (f) econômica	таназзули иқтисодӣ	[tanazzuli iqtisodi:]
manifestante (m)	намоишгар	[namoiʃgar]
manifestação (f)	намоиш	[namoiʃ]
lei (f) marcial	вазъияти ҷанг	[vaz'ijati dʒang]
base (f) militar	пойгоҳи ҳарбӣ	[pojgohi harbi:]
estabilidade (f)	устуворӣ	[ustuvori:]
estável (adj)	устувор	[ustuvor]
exploração (f)	истисмор	[istismor]
explorar (vt)	истисмор кардан	[istismor kardan]
racismo (m)	нажодпарастӣ	[naʒodparasti:]
racista (m)	нажодпараст	[naʒodparast]
fascismo (m)	фашизм	[faʃizm]
fascista (m)	фашист	[faʃist]

194. Países. Diversos

estrangeiro (m)	хориҷӣ	[xoridʒi:]
estrangeiro (adj)	хориҷӣ	[xoridʒi:]
no estrangeiro	дар хориҷа	[dar xoridʒa]
emigrante (m)	муҳоҷир	[muhodʒir]
emigração (f)	муҳоҷират	[muhodʒirat]
emigrar (vi)	мухоҷират кардан	[muxodʒirat kardan]
Ocidente (m)	Ғарб	[ʁarb]
Oriente (m)	Шарқ	[ʃarq]
Extremo Oriente (m)	Шарқи Дур	[ʃarqi dur]
civilização (f)	тамаддун	[tamaddun]
humanidade (f)	башарият	[baʃarijat]
mundo (m)	дунё	[dunjɔ]
paz (f)	сулҳ	[sulh]
mundial (adj)	ҷаҳонӣ	[dʒahoni:]
pátria (f)	ватан	[vatan]
povo (população)	халқ	[xalq]
população (f)	аҳолӣ	[aholi:]
gente (f)	одамон	[odamon]
nação (f)	миллат	[millat]
geração (f)	насл	[nasl]
território (m)	хок	[xok]
região (f)	минтақа	[mintaqa]
estado (m)	штат	[ʃtat]
tradição (f)	анъана	[an'ana]
costume (m)	одат	[odat]
ecologia (f)	экология	[ɛkologija]
índio (m)	ҳиндуи Америка	[hindui amerika]
cigano (m)	лӯлӣ	[lœli:]

| cigana (f) | лӯлизан | [lœlizan] |
| cigano (adj) | ... и лӯлй | [i lœli:] |

império (m)	империя	[imperija]
colônia (f)	мустамлика	[mustamlika]
escravidão (f)	ғуломй	[ʁulomi:]
invasão (f)	тохтутоз	[toχtutoz]
fome (f)	гуруснагй	[gurusnagi:]

195. Grupos religiosos mais importantes. Confissões

| religião (f) | дин | [din] |
| religioso (adj) | динй | [dini:] |

crença (f)	ақоиди динй	[aqoidi dini:]
crer (vt)	бовар доштан	[bovar doʃtan]
crente (m)	имондор	[imondor]

| ateísmo (m) | атеизм, бединй | [ateizm], [bedini:] |
| ateu (m) | атеист, бедин | [ateist], [bedin] |

cristianismo (m)	масеҳият	[masehijat]
cristão (m)	масеҳй	[masehi:]
cristão (adj)	масеҳй	[masehi:]

catolicismo (m)	мазҳаби католикй	[mazhabi katoliki:]
católico (m)	католик	[katolik]
católico (adj)	католикй	[katoliki:]

protestantismo (m)	Мазҳаби протестантй	[mazhabi protestanti:]
Igreja (f) Protestante	Калисои протестантй	[kalisoi protestanti:]
protestante (m)	протестант	[protestant]

ortodoxia (f)	Православй	[pravoslavi:]
Igreja (f) Ortodoxa	Калисои православй	[kalisoi pravoslavi:]
ortodoxo (m)	православй	[pravoslavi:]

presbiterianismo (m)	Мазҳаби пресвитерй	[mazhabi presviteri:]
Igreja (f) Presbiteriana	Калисои пресвитерй	[kalisoi presviteri:]
presbiteriano (m)	пресвитерй	[presviteri:]

| luteranismo (m) | калисои лютеранй | [kalisoi ljuterani:] |
| luterano (m) | лютермазҳаб | [ljutermazhab] |

| Igreja (f) Batista | баптизм | [baptizm] |
| batista (m) | баптист, пайрави баптизм | [baptist], [pajravi baptizm] |

Igreja (f) Anglicana	калисои англиканй	[kalisoi anglikani:]
anglicano (m)	англиканй	[anglikani:]
mormonismo (m)	мазҳаби мормонй	[mazhabi mormoni:]
mórmon (m)	мормон	[mormon]

| Judaísmo (m) | яхудият | [jahudijat] |
| judeu (m) | яхуди | [jahudi] |

budismo (m)	буддизм	[buddizm]
budista (m)	буддой	[buddoi:]
hinduísmo (m)	Ҳиндуия	[hinduija]
hindu (m)	ҳиндуй	[hindui:]
Islã (m)	Ислом	[islom]
muçulmano (m)	мусулмон	[musulmon]
muçulmano (adj)	мусулмонй	[musulmoni:]
xiismo (m)	Мазҳаби шиа	[mazhabi ʃia]
xiita (m)	шиа	[ʃia]
sunismo (m)	Мазҳаби суннй	[mazhabi sunni:]
sunita (m)	сунниён	[sunnijɔn]

196. Religiões. Padres

padre (m)	рӯҳонй	[rœhoni:]
Papa (m)	папаи Рим	[papai rim]
monge (m)	роҳиб	[rohib]
freira (f)	роҳиба	[rohiba]
pastor (m)	пастор	[pastor]
abade (m)	аббат	[abbat]
vigário (m)	викарий	[vikarij]
bispo (m)	епископ	[episkop]
cardeal (m)	кардинал	[kardinal]
pregador (m)	воиз	[voiz]
sermão (m)	ваъз	[va'z]
paroquianos (pl)	аҳли калисо	[ahli kaliso]
crente (m)	имондор	[imondor]
ateu (m)	атеист, бедин	[ateist], [bedin]

197. Fé. Cristianismo. Islão

Adão	Одам	[odam]
Eva	Ҳавво	[havvo]
Deus (m)	Худо, Оллоҳ	[xudo], [olloh]
Senhor (m)	Худо	[xudo]
Todo Poderoso (m)	қодир	[qodir]
pecado (m)	гуноҳ	[gunoh]
pecar (vi)	гуноҳ кардан	[gunoh kardan]
pecador (m)	гунаҳкор	[gunahkor]
pecadora (f)	зани гунаҳгор	[zani gunahgor]
inferno (m)	дӯзах, ҷаҳаннам	[dœzaχ], [dʒahannam]
paraíso (m)	биҳишт	[bihiʃt]

| Jesus | Исо | [iso] |
| Jesus Cristo | Исои Масех | [isoi maseh] |

Espírito (m) Santo	Рӯхулқудс	[rœhulquds]
Salvador (m)	Начоткор	[nadʒotkor]
Virgem Maria (f)	Биби Марям	[bibi: marjam]

| Satanás (m) | Шайтон | [ʃajton] |
| satânico (adj) | шайтони | [ʃajtoni:] |

anjo (m)	малак, фаришта	[malak], [fariʃta]
anjo (m) da guarda	фариштаи нигахбон	[fariʃtai nigahbon]
angelical	... и малак, ... и фаришта	[i malak], [i fariʃta]

apóstolo (m)	апостол, хавори	[apostol], [havori:]
arcanjo (m)	малоикаи муқарраб	[maloikai muqarrab]
anticristo (m)	даччол, хари даччол	[dadʒdʒol], [χari dadʒdʒol]

Igreja (f)	Калисо	[kaliso]
Bíblia (f)	Таврот ва Инчил	[tavrot va indʒil]
bíblico (adj)	Навиштачоти	[naviʃtadʒoti:]

Velho Testamento (m)	Ахди қадим	[ahdi qadim]
Novo Testamento (m)	Ахди Чадид	[ahdi dʒadid]
Sagradas Escrituras (f pl)	Навиштачоти Илохи	[naviʃtadʒoti ilohi:]
Céu (sete céus)	Осмон, Подшохии Худо	[osmon], [podʃohi:i χudo]

mandamento (m)	фармон	[farmon]
profeta (m)	пайғамбар	[pajʁambar]
profecia (f)	пайғамбари	[pajʁambari:]

Alá (m)	Оллох	[olloh]
Maomé (m)	Мухаммад	[muhammad]
Alcorão (m)	қуръон	[qur'on]

mesquita (f)	масчид	[masdʒid]
mulá (m)	мулло	[mullo]
oração (f)	намозхони	[namozχoni:]
rezar, orar (vi)	намоз хондан	[namoz χondan]

peregrinação (f)	зиёрат	[zijorat]
peregrino (m)	зиёраткунанда	[zijoratkunanda]
Meca (f)	Макка	[makka]

igreja (f)	калисо	[kaliso]
templo (m)	ибодатгох	[ibodatgoh]
catedral (f)	собор	[sobor]
gótico (adj)	готики	[gotiki]
sinagoga (f)	каниса	[kanisa]
mesquita (f)	масчид	[masdʒid]

capela (f)	калисои хурд	[kalisoi χurd]
abadia (f)	аббати	[abbati:]
convento (m)	дайр	[dajr]
monastério (m)	дайри мардон	[dajri mardon]
sino (m)	нокус, зангула	[noqus], [zangœla]

campanário (m)	зангӯлахона	[zangœlaχona]
repicar (vi)	занг задан	[zang zadan]
cruz (f)	салиб	[salib]
cúpula (f)	гунбаз	[gunbaz]
ícone (m)	икона	[ikona]
destino (m)	тақдир	[taqdir]
mal (m)	бадӣ	[badi:]
bem (m)	некӣ	[neki:]
vampiro (m)	вампир	[vampir]
bruxa (f)	чодугарзан, албастӣ	[dʒodugarzan], [albasti:]
demônio (m)	азозил	[azozil]
redenção (f)	кафорат	[kaforat]
redimir (vt)	кафорат кардан	[kaforat kardan]
missa (f)	ибодат	[ibodat]
celebrar a missa	ибодат кардан	[ibodat kardan]
confissão (f)	омурзиш	[omurziʃ]
confessar-se (vr)	омурзиш хостан	[omurziʃ χostan]
santo (m)	муқаддас	[muqaddas]
sagrado (adj)	муқаддас	[muqaddas]
água (f) benta	оби муқаддас	[obi muqaddas]
ritual (m)	маросим	[marosim]
ritual (adj)	маросимӣ	[marosimi:]
sacrifício (m)	қурбонӣ	[qurboni:]
superstição (f)	хурофот	[χurofot]
supersticioso (adj)	хурофотпараст	[χurofotparast]
vida (f) após a morte	охират	[oχirat]
vida (f) eterna	ҳаёти абадӣ	[hajoti abadi:]

TEMAS DIVERSOS

198. Várias palavras úteis

ajuda (f)	кумак	[kumak]
barreira (f)	сад, монеа	[sad], [monea]
base (f)	асос	[asos]
categoria (f)	категория	[kategorija]
causa (f)	сабаб	[sabab]
coincidência (f)	рост омадани	[rost omadani]
coisa (f)	шайъ	[ʃaj']
começo, início (m)	сар	[sar]
cômodo (ex. poltrona ~a)	бароҳат	[barohat]
comparação (f)	муқоисакунӣ	[muqoisakuni:]
compensação (f)	товон	[tovon]
crescimento (m)	афзоиш, зиёдшавӣ	[afzoiʃ], [zijodʃavi:]
desenvolvimento (m)	пешравӣ	[peʃravi:]
diferença (f)	фарқ, тафриқа	[farq], [tafriqa]
efeito (m)	таъсир	[ta'sir]
elemento (m)	элемент	[ɛlement]
equilíbrio (m)	мизон	[mizon]
erro (m)	хато	[χato]
esforço (m)	саъю кӯшиш	[sa'ju kœʃiʃ]
estilo (m)	услуб	[uslub]
exemplo (m)	мисол, назира	[misol], [nazira]
fato (m)	факт	[fakt]
fim (m)	анҷом	[andʒom]
forma (f)	шакл	[ʃakl]
frequente (adj)	зуд-зуд	[zud-zud]
fundo (ex. ~ verde)	таг	[tag]
gênero (tipo)	навъ	[nav']
grau (m)	дараҷа	[daradʒa]
ideal (m)	идеал	[ideal]
labirinto (m)	лабиринт	[labirint]
modo (m)	тарз	[tarz]
momento (m)	лаҳза, дам	[lahza], [dam]
objeto (m)	объект	[ob'ekt]
obstáculo (m)	монеа	[monea]
original (m)	нусхаи асл	[nusχai asl]
padrão (adj)	стандартӣ	[standarti:]
padrão (m)	стандарт	[standart]
paragem (pausa)	танаффус	[tanaffus]
parte (f)	қисм	[qism]

partícula (f)	зарра	[zarra]
pausa (f)	фосила	[fosila]
posição (f)	мавқеъ	[mavqe']
princípio (m)	принсип	[prinsip]

problema (m)	масъала	[mas'ala]
processo (m)	чараён	[dʒarajɔn]
progresso (m)	тараққӣ	[taraqqi:]
propriedade (qualidade)	хосият	[xosijat]

reação (f)	аксуламал	[aksulamal]
risco (m)	хатар, таваккал	[xatar], [tavakkal]
ritmo (m)	суръат	[sur'at]
segredo (m)	сир, роз	[sir], [roz]
série (f)	силсила	[silsila]

sistema (m)	тартиб	[tartib]
situação (f)	вазъият	[vaz'ijat]
solução (f)	ҳал	[hal]
tabela (f)	чадвал	[dʒadval]
termo (ex. ~ técnico)	истилоҳ	[istiloh]

tipo (m)	хел	[xel]
urgente (adj)	зуд, фаврӣ	[zud], [favri:]
urgentemente	зуд, фавран	[zud], [favran]
utilidade (f)	фоида	[foida]

variante (f)	вариант	[variant]
variedade (f)	интихоб	[intixob]
verdade (f)	ҳақиқат	[haqiqat]
vez (f)	навбат	[navbat]
zona (f)	минтақа	[mintaqa]

www.ingramcontent.com/pod-product-compliance
Lightning Source LLC
Chambersburg PA
CBHW071341090426
42738CB00012B/2970

9 781787 673427